Badminton

BASIC BADMINTON CLASS | Badminton Golden Crash Course

羽毛球

入门与实战技巧

中映良品 编著

成都时代出版社

动感羽球 激情人生

　　动感的羽毛球运动以其独特的魅力深受人们的喜爱。

　　在比赛场上，羽毛球是一项极具观赏价值的运动。"超级丹"林丹的大力扣杀、大角度劈吊，"大马一哥"李宗伟极具杀伤力的头顶杀对角技术，李雪芮刁钻的下压进攻……他们以优美的身姿、精准的落点、快速的反应、灵活的移动、完美的技术为人们带来绝佳的视觉盛宴。

　　在日常生活中，羽毛球是一项老少皆宜的健身运动。一块平整的空地，中间拉上一根绳索，再加上两支球拍、一个球，两人就可以酣畅淋漓地开打了。经常参加羽毛球运动的人，体态轻盈、头脑敏捷、心态积极乐观，更懂得享受生活。

　　必要的基础知识是学习羽毛球的第一步。羽毛球的基本技术由上肢的基本手法和下肢的基本步法组成。本书全面解析基本姿势、挥拍技巧、基本步法、移动技巧、击球技术、跳起技术等，配以精美的图片演示，你只需按照教程循序渐进地练习，就能快速掌握羽毛球的入门技术。

　　羽毛球分为单打、双打两种。在比赛中，球员需要根据自身特点，针对对手制定以长攻短、以强制弱的战术策略。书中详解各种实用战术，逐一解析制胜要素，让你在实战中屡战屡胜，享受羽毛球带给你的激情人生。

　　本书文字浅显易懂，示范动作精准，编排体例科学严谨，符合羽毛球运动发展规律，是羽毛球爱好者不可多得的速成教材。

目录
CONTENTS

第四章 **羽毛球运动实战技术**
Proving Your Skills in a Real Competition

附录
Appendix

To Get Familiar with Badminton

初识羽毛球运动的魅力

羽毛球运动是一项极富趣味性的隔网对抗项目，以其精准的落点、快速的反应、灵活的移动、千变万化的技术深得人们的喜爱。这是一项几乎所有人都可以参加的项目，只需一块平整的空地、两支球拍、一个球和一根绳索，人们就可以相互切磋技艺，一较高下。经常打羽毛球，不仅能练就健康的体魄和完美的身段，还能使智慧与勇气在竞争与对抗中得到全面升华。

羽毛球运动溯源
The Development of Badminton

羽毛球运动的雏形最早出现于14—15世纪的日本。当时的球拍是木制的，球是用樱桃核插上羽毛制成。由于球托是樱桃核，太重，球飞行速度太快，使得羽毛极易损坏，加之球的造价过高，所以该项运动并没有流行多长时间。

现代羽毛球运动于1800年前后诞生于英国。1873年，英国公爵鲍弗特在格拉斯哥郡伯明顿镇的庄园里进行了一次羽毛球游戏表演。从此，羽毛球运动便逐渐开展起来，"伯明顿"成了羽毛球的名字，英文是"Badminton"。1893年，世界上最早的羽毛球协会——英国羽毛球协会——成立，并于1899年举办了全英羽毛球锦标赛。

20世纪20—40年代，欧美国家的羽毛球运动发展很快，特别是英国和丹麦，历次重大国际比赛的桂冠几乎都被他们垄断。1948—1949年举行的首届世界男子羽毛球团体锦标赛"汤姆斯杯"赛，马来西亚队荣获冠军，从而开辟了亚洲人称雄国际羽坛的时代。50年代末，印度尼西亚羽毛球队在国际羽坛开始崛起。60年代和70年代，印度尼西亚羽毛球队的技术水平在国际羽坛一直处于领先的地位。

1981年，在美国举行的第一届世界运动会羽毛球比赛中，中国选手夺得了男单、女单、男双和女双四项桂冠，从此拉开了中国队崛起的帷幕。1981年5月，国际羽联恢复了中国在国际羽联的合法席位。

1992年，羽毛球在巴塞罗那奥运会被正式列为比赛项目，设立男女单打和男女双打四个比赛项目。1996年亚特兰大奥运会上，又增设了混合双打项目。羽毛球运动从此进入新的发展时期。

运动魅力无极限
The Charm of Badminton

只有很少的运动项目是所有体育爱好者都能参加的，而羽毛球运动就是其中一项。无论是以运动竞赛为目标的运动员或业余选手，还是儿童、青少年、成年人、老年人……都可以加入到这一运动中来。羽毛球运动以其独特的魅力征服世人，深受人们的喜爱。

趣味无限

羽毛球作为一种娱乐活动，参与者要在球的对击过程中，通过不停的奔跑，努力把球击到对方的场地。每当击球者击出一个好球或赢得一个球时，都能使自己兴奋，获得成功的喜悦。同时，球的飞翔有快慢、轻重、高低、远近、狠巧、飘转等变化，使这种运动充满了无限的乐趣。

由于羽毛球技术的千变万化，使羽毛球运动有很强的观赏性。如猛虎下山的上网技术，蛟龙出水一样的跳起击球，身如满弓的扣杀技术，犀牛望月似的抢扑救球技术，进攻时似高屋建瓴、势如破竹的技术，防守时如绵绵细雨、固若金汤的技术……这一切都在展示着羽毛球运动的力与美，使观赏者像吟诵一首动人的诗，如鉴赏一幅悦目的画，令人心旷神怡、流连忘返。

强身健体

羽毛球运动中，通过前场、后场快速移动击球，中后场的大力扣杀球，被动时的扑救球，双打时的换位击球等练习，能加快打球者全身的血液循环，改善呼吸系统和心血管系统的功能，提高有氧供能和无氧供能的能力，调节神经系统并提高其抗乳酸的能力，从而起到增进健康、抗病防衰、调节精神的作用。据统计，大强度羽毛球运动者的心率可达到每分钟 160 ～ 180 次，中强度心率可达到每分钟 140 ～ 150 次，低强度运动者的心率也可达到每分钟 100 ～ 130 次。长期进行羽毛球运动，可使心肌强而有力，肺活量加大。

瘦身塑形

无论是进行有规则的羽毛球比赛还是作为一般性的健身活动，都要在场地上不停地进行脚步移动、跳跃、转体、挥拍，合理地运用各种击球技术和步法往返对击。如扣杀时需要动用大量的臂力和腿力；在双方对拉回合的过程，为了取得主动权，需要有较快的速度和耐力；在扑救球时又需要腰腹部灵活，有很好的柔韧度……这些活动不仅可以发展人体的灵活性、协调性，还因为运动强度比较大，能够大量燃烧多余脂肪，达到减脂的目的。更重要的是它能使肌肉在力量和耐力两方面得到提高，训练肌肉张力，使肌肉更有型、骨骼更强壮，从而改善形体外观，拥有优美的臀部、腿部和腰腹部肌肉线条。

磨炼意志

坚如磐石的意志力是赢得比赛的关键。羽毛球运动因其竞争性、对抗性、大强度等诸多因素，使顽强的意志力在该项运动中占有非常重要的地位。羽毛球比赛经常遇到这类情况，即运动员出现了"极点"——喘不上气、身体无力、眼前发黑，感觉自己再也坚持不下去了。这种现象不只是一方出现，在势均力敌的情况下往往是双方先后都会出现，甚至几乎是同时出现（如一个球打了很多回合），这时就看谁能再坚持一下，胜利往往存在于再坚持一下之中。那么靠什么去坚持？就要靠顽强的意志力和坚定的信念。即使不是正式比赛，这项运动也需要较强的意志，否则你将不能很好地完成该项练习。

锻炼思维和心智

羽毛球运动包括对对方战术意图的揣摩、对各种战机的把握、对自己运用什么战术的选择等智力因素，因此经常从事该项运动可以使人思维敏捷。同时，由于比赛的紧张、竞争的激烈，练习者的心理素质会得到很好的锻炼。在竞争中，它能强化进取精神，使人的智、勇、技在竞争与对抗中得到提升。经此磨炼，能够做到临危不乱，泰然处之，既增长了智慧又陶冶了心灵，不仅能在羽毛球运动中应付自如，而且能以良好的心态、正确的人生观去面对生活。羽毛球运动既可单兵作战（两人对练），又可集体会战（双打练习或三人对三人练习）。单兵作战时，练习者可以随心所欲地打出任何弧线、任何角度、任何力量、任何速度和任何落点的球来；集体会战则可以使练习者养成协调配合的习惯，培养集体主义精神。

无拘无束的运动

羽毛球运动不受场地的限制，对设备的基本要求比较简单，只需两支球拍、一个球和一根绳索即可。平时进行羽毛球运动只要有平整的空地就可以了。在风不大的情况下，可以在户外进行活动，只要把球网架起来，就可以在一定长度和宽度的空地上画上几条线，双方对练。因此，它不仅可以在正规的室内运动场进行，也可以在公园、生活小区等处开展。

羽毛球运动游戏性较强，运动量可大可小。青少年可作为促进生长发育、提高身体机能的有效手段进行锻炼，运动量宜为中强度，活动时间以 40 ~ 50 分钟为宜。适量的羽毛球运动能促进青少年长身高，能培养青少年自信、勇敢、果断等优良的心理素质。年老体弱的练习者可以保健康复为目标进行锻炼，运动量宜较小，活动时间以 20 ~ 30 分钟为宜，出出汗、弯弯腰、舒展舒展筋骨，进而增强心血管和神经系统的功能，预防和缓解老年心血管和神经系统方面的疾病。儿童可作为活动性游戏来进行锻炼，让他们在阳光下奔跑跳跃，并要求他们能击到球，培养他们不畏困难、不怕吃苦、不甘落后的品质。

Basic Knowledge of Badminton

PART 2

羽毛球运动基础知识

无论是欣赏精彩的羽毛球竞赛，还是平时进行羽毛球运动，都应该了解相关的羽毛球运动基础知识。通过本章的学习，你不仅可以为自己选购最合适的羽毛球运动装备，还能了解相关的羽毛球术语和热身运动常识，做好运动前的准备工作。

一 场地与器材
Badminton Court and Equipments

场地

    标准的羽毛球场呈长方形，长度为 13.40 米，单打球场宽为 5.18 米，双打球场宽为 6.10 米。球场外面两条边线是双打场地边线，里面的两条边线是单打场地边线。双打边线与单打边线相距 0.46 米。距球网 1.98 米与网平行的两条线为前发球线，离端线 0.76 米与端线相平行的两条线为双打后发球线。前发球线中点与端线中点连起来的一条线叫中线，各条线宽度均为 0.04 米，并把羽毛球场地分为左、右两个发球区。场地上空 12 米内，以及四周 4 米内不应有障碍物。

    由于羽毛球质地轻巧，为避免风的干扰，羽毛球比赛一般都在室内进行。为了给比赛创造一个适宜的环境，比赛场地应采用化学合成材料铺设。在全民健身的各级比赛中，场地也可以是木板地面、水泥地面，但无论什么质地的场地，都必须保证运动员在比赛中不会感到地面太滑或太黏，且要具有一定的弹性。

    羽毛球比赛中，灯光问题是关系到比赛能否顺利进行的重要因素。当运动员朝着墙壁或天花板的方向注意来球的时候，任何反光面都会妨碍运动员的击球。为避免自然光线的干扰，赛场内应挂上窗帘。在专业的羽毛球馆内，墙壁和天花板应是暗色的。

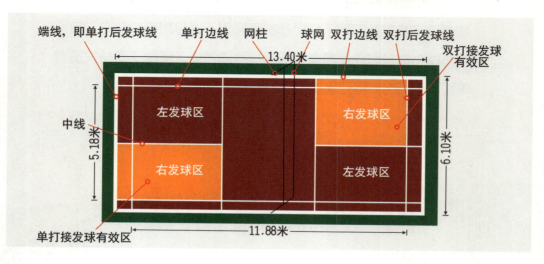

●器材

　　场地中间张挂的球网应用深色的优质细绳织成。网孔为方形，各边长均在 0.015 ~ 0.02 米；网上下宽为 0.76 米；网的顶端用 0.075 米宽的白布对折而成，用绳索或钢丝从夹层中穿过，白布的上沿必须紧贴绳索或钢丝；绳索或钢丝也必须有足够的长度和强度，能牢固地拉紧并与网柱的顶端齐平。球网的两端必须系紧网柱，确保之间没有空隙。

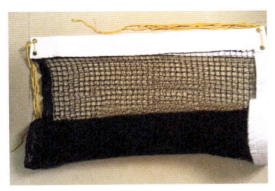

●网柱

　　从球场地面起，网柱高 1.55 米。网柱必须稳固、与地面垂直，并使球网保持拉紧状态。双打场地的网柱应放置在双打边线的中点上，单打场地的网柱应放置在单打边线的中点上。如不能设置网柱，必须采用其他办法标出边线通过网下的位置。

球拍

羽毛球拍是用木料、铝合金或碳素纤维等质地轻而坚实并富有弹性的材料制作而成。它的整个结构由拍头、拍弦面、连接喉、拍杆、拍柄五个部分组成。

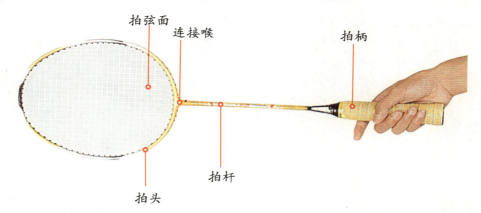

拍弦面　连接喉　拍柄

拍杆

拍头

● 拍头

球拍总长度不超过 0.68 米，拍头长度不超过 0.25 米，宽不超过 0.23 米。拍头可以由不同的材料制造而成，如轻金属和钢、碳素石墨，或者是以上材料的组合。拍头的重量大约在 90 克到 120 克之间，过重的球拍会妨碍比赛，过轻的球拍耐用性要差很多。

● 拍弦面

拍弦面是用拍弦穿过拍头十字交叉或用其他形式编织而成，编制式样一致，表面平整。拍弦面长不超过 0.28 米，宽不超过 0.22 米。羽毛球拍弦面一般是用人造弦或者羊肠弦穿制而成。在价廉物美的球拍上，生产商已经负责穿上球弦了，这些弦几乎无一例外是人造弦。

● 拍柄

拍柄是击球者握住球拍的位置，由一块便于握住的成型木块构成，在拍柄上应该缠绕上一条防滑的拍柄皮。

●拍杆

拍杆是连接着拍柄和拍头的部件，硬度可分四种：

① 8.0~8.5 表示硬，适合专业选手使用；

② 8.5~9.0 表示中硬，适合业余高手使用；

③ 9.0~9.5 表示中柔，适合一般业余选手和初学者；

④ 9.5 以上 表示柔软，适合女性初学者。

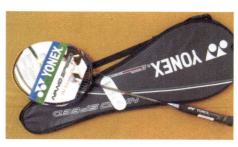

●如何挑选球拍

选购羽毛球球拍的时候要考虑以下几个方面：拍子不能过轻，过轻不牢固，会影响击球的力量；挥动时，不能震手，震手的拍子是由于拍杆太硬；要检查弦面的弦装得是否匀称，交叉弦组成的每个方块都要同样大，每条弦的松紧度要一致；要根据自己手形大小挑选适合自己的球拍。此外，针对不同级别的选手，选拍也有区别。

◎初学者

初学者可以挑选一个中等价格的球拍和低价位的人造弦。

◎中级选手

中级选手可以根据个人情况选择。进攻型选手使用穿弦比较硬的球拍；球感比较好的运动员建议使用穿弦硬度一般，或者穿弦比较软的球拍。

◎高手

高手无一例外地会偏爱高科技的钛金属球拍和全碳素球拍，这两种球拍轻巧耐用，在比赛时能发挥最佳的效果。

羽毛球球拍的选购窍门

★千万不要购买最便宜的球拍，这样的球拍可能很快就会消减您参加羽毛球运动的乐趣。

★购买球拍之前，先咨询有经验的羽毛球爱好者或者羽毛球专业人士。

★在购买羽毛球球拍时，让经销商现场穿弦。

羽毛球拍保养窍门

★ 为了在携带和运输过程中保护拍弦，建议使用拍套。

★ 球拍保存要远离高温。

★ 可以用比较纤细的钢丝刷打磨拍柄皮，使之更粗糙防滑。使用专用的拍柄防滑粉末，也可以达到这个效果。

★ 羊肠弦要注意防潮。

球

国际羽毛球联合会规定标准羽毛球重 4.74 ~ 5.50 克，应有 16 根羽毛插在半球形的软木托上，羽毛长 6.2~7.0 厘米。球托直径 2.5~2.8 厘米，底部为圆形。羽毛顶端围成圆形，开口直径为 5.8~6.8 厘米。羽毛应用线或其他适宜材料扎牢（但其坚固性远远比不上其他球类）。

人造材料制成的羽毛球耐打性好，价格实惠，以球速不同分为慢速球、中速球和快速球。中速球适合在暖和或者层高高的体育馆使用，快速球适合在寒冷或者层高低的体育馆使用。休闲选手一般选择人造材料制成的球。天然材料制成的球一般用鹅毛制成，具有卓越的飞行特性，但是耐打性不够，容易损坏。竞技选手都愿意使用天然羽毛制成的球进行训练和比赛。

改变球速的小窍门

由天然羽毛制成的球的速度可以改变。速度太快的话，可以用拇指和食指将羽毛顶端均衡地向外折弯；速度太慢的话，可以每间隔一根羽毛，或者将所有羽毛顶端均衡地向内折弯。

●服装

一套好的运动服装应具有良好的吸汗功能，穿着舒适。

选择羽毛球服的时候应注意，不要选择纯棉的衣服，纯棉虽然吸汗，但不易蒸发，随着汗水的吸收，会贴在身上，非常不舒服。另外，不要过于贴身，过于贴身会限制球员的肢体伸展，妨碍动作的施展。

选择运动短裤时要选弹性大的，因为羽毛球运动经常需要球员以蹬跨步移动，有弹性的运动短裤才可以使动作更加舒展。

在正式比赛中，一般至少应准备三套运动服，每局比赛结束后都应换上新的运动服。

●球鞋

★应选择重量轻、穿着舒服的球鞋，如果是羽毛球专用鞋则更好。

★选择时注意：鞋底最好为牛筋底，这样韧性比较好，适合在室内运动。如在室外，可选择高级的橡皮合成鞋底，效果也不错。高档的羽毛球鞋多采用复合生成材料，前后脚掌接触地面的部分采用生胶，增强球鞋的抓地性能。

★生胶鞋底因抓地力强，适合木板场地；人工橡胶的硬底鞋，适合水泥或水磨石地面，软底则适合 PU 场地。

★外韧内软的鞋底有助于提高起动速度和缓冲性能，在脚落地的时候有效吸收震动，并将震动转化为能量。

★鞋底的厚薄影响远大于鞋子的重量影响，因此，尽量不要选用鞋底太厚的球鞋。

★球鞋要合脚，不能太大，也不能太小，这样，不仅有助于在运动中的正常发挥，而且可以减少受伤的概率。

★不论鞋子如何，最重要的是要有这样的观念：在室内打球的鞋子最好在打球时才穿，不仅可以避免鞋子弄脏，还可避免鞋底沾满灰尘而变滑，从而延长鞋子的使用寿命。

●护具

有些运动员在运动时会戴上一些护具，如护肘、护腕、护膝等。常见的护具都是用毛巾面料内缝强力橡筋制成的，选择时应以戴上后不会太紧，戴久不会刺激皮肤为佳。护具可以促进使用部位肌肉组织的血液循环，有益于缓解关节炎及关节疼痛。此外，良好的血液循环更能发挥肌肉的运动功能，减少运动伤害的发生。

羽毛球运动术语
Glossaries and Demonstration Diagram

站位与击球

　　运动员站在羽毛球场上的位置称为站位。站位有两种情况：一种是受限制的站位。如：发球、接发球时运动员的站位，就必须按要求站在规定的区域内（左半区或右半区）。另一种是不受限制的站位，可根据自己或同伴（双打）的需要而选择站位。如：单打的站位一般在离前发球线 1 米左右的中线附近，双打站位可根据两名运动员的具体战术需要选择前后或左右的站位。根据羽毛球场地的划分，又可把不受限制的站位具体分为左半区站位、右半区站位、前场站位、中场站位、后场站位。

　　击球是运动员挥拍击球时，拍与球接触的一刹那。运动员站在左半区迎击对方来球叫左半区击球，在右半区的击球叫右半区击球。站在前场、中场、后场的击球，则分别叫作前场击球、中场击球、后场击球。除此之外，根据来球高度的不同，又可分为上手击球（高于肩的来球，击球点在肩上）和下手击球（击球点低于肩）。

持拍手与非持拍手

　　持拍手是指握着球拍的手。正手技术、反手技术、正手击球、反手击球等是羽毛球运动的常用术语。正手技术是指握拍手同侧的技术，反手技术是指握拍手异侧的技术。

　　非持拍手是指没有握拍的手。在羽毛球运动中，非持拍手的作用主要是在发球时持球、抛球；在击球过程中平衡身体，以便更有效地击球。

击球基本路线

击球路线是指球被运动员击出后在空中的运行轨迹和场地之间的关系。掌握其规律，对羽毛球练习和比赛都大有裨益。

击球线路非常多，但基本线路可分为五条：左方直线、中路、右方直线、右方斜线（右方对角线）、左方斜线（左方对角线）。根据运动员站的位置（左、中、右），每个位置又可分别击出直线、中路、斜线，因此又可派生出九条线路。

举例说明，当我们右手持拍，正手击出时，从自己的右方打到对方的左方（线路与边线平行）可称为直线；打到对方的右方（线路与边线有较大的角度）可称为对角线；打到对方的中线（线路与边线有较小的角度）可称为中路。同理，反手后场（中场、前场）的三条基本击球线路，也可这样称呼。在具体称呼时，可与正手、反手结合在一块，如正手直线、正手中路、正手对角线、反手对角线等。若在中线击球时，可这样称呼：打到对方场区的左方为左方斜线，打到对方场区的右方为右方斜线，打到中间为中路球。

在对羽毛球线路的称呼上应注意如下问题：首先要看击球点和球的落点靠近哪里，击球点靠近右边线，而落点靠近中线，都称为正手中路球；其次要根据击球时所用技术名称，如反手搓球，可称为反手搓直线、反手搓中路球等。

拍形角度与拍面方向

拍形角度是指球拍面与地面所成的角度。拍形角度可分为七种：拍面向下、拍面稍前倾、拍面前倾、拍面垂直、拍面后仰、拍面稍后仰、拍面向上。

拍面方向是指球拍的拍面所朝向的位置。拍面方向可分为三种：拍面朝左、拍面朝右、拍面朝前。

拍形角度和拍面方向控制的好坏对击球质量的影响是非常大的，所以我们必须在每一次击球时认真调整好拍形、拍面，击出合乎质量要求的球来。

击球点

击球点是击球时球拍与球相接触那一点的时间、空间位置。它包括三个方面的内容：第一，拍和球的接触点距地面的高度；第二，接触点距身体的前后距离；第三，接触点距身体的左右距离。

击球点选择得是否合适，将决定击球质量的好坏，它将直接影响运动员击球的力量、速度、弧线、落点，最终将影响运动员击球的命中率。因此选择合适的击球点至关重要。

　　选择合适的击球点应做到如下两点：判断要准，步法移动要到位（步法要快）。做到了这两点，才能保证处于最合适的击球位置，击球才有保障。

技术术语

- ◎ **搓球**　利用球拍切削球托侧面，使球旋转翻滚过网的网前技术。
- ◎ **放网**　利用球拍轻切球托侧面或正面，使球直线过网的网前技术。
- ◎ **推球**　利用球拍快速正击球托，使球平射至对方后场的击球技术。
- ◎ **勾球**　利用球拍在网前一端将球勾至网的另一端的击球技术。
- ◎ **挑球**　将网前区域低手位的球由下至上，击至对方后场端线上空的击球技术。
- ◎ **扑球**　将对方回击网前弧线较高的球，以抢高点的形式向对方场区下方扑压的击球技术。
- ◎ **高球**　将对方击至本方后场端线附近的球回击得又高又远，落至对方端线附近的击球技术。
- ◎ **吊球**　在后场以切削下压的形式，将球击至对方近网区的击球技术。
- ◎ **杀球**　在后场或中场争取尽量高的击球点，并全力用正拍面将球由高点往对方中场区向下扣压的击球技术。
- ◎ **抽球**　将对方击至中场的球，用正拍面快速抽击至对方中场或后场的击球技术。
- ◎ **挡网**　将对方击至中场的球轻挡至对方网前的击球技术。

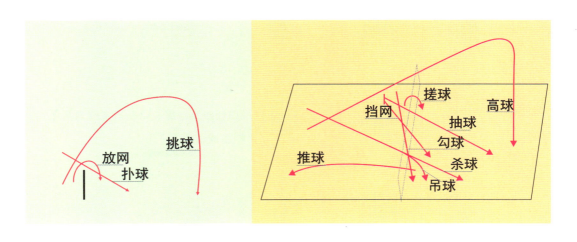

四 竞赛规则
Competition Rules

发球与发球权

比赛前，双方应掷选挑边器，赢方将有权先做出其中一项选择：

①先发球（即挑球）或先接发球。

②先选一个场区（即挑边）。输方在余下的一项中做出选择。

发球时，双方球员必须站在对角的发球区，两脚触地，但不能踏及发球区的界线。发球时球拍必须先击中球托部分，球要从低于发球员腰部的位置发出，而整个发球过程中，球拍拍头应指向下方。

比赛中，发球一方获胜为得分，并继续拥有发球权。如果发球一方失误，则接球方得分并获得发球权。

在双打或混合双打中，发球的一方只有一次发球权，如果发球方输球，必须交换发球权。下一局比赛开始时，均由上一局的胜方先发球。

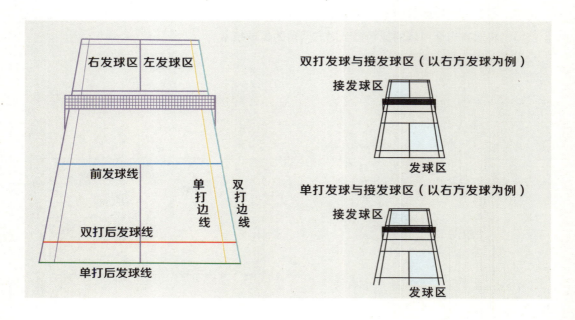

右发球区　左发球区

前发球线

单打边线　双打边线

双打后发球线

单打后发球线

双打发球与接发球区（以右方发球为例）

接发球区

发球区

单打发球与接发球区（以右方发球为例）

接发球区

发球区

发球和接发球的方位顺序

◎单打：发球方的分数为零或偶数时，发球方和接发球方均站在右发球区发球和接发球；分数为奇数时，双方都站在左发球区发球和接发球。

当出现加分"再赛"的情况时，如比分为 20 ∶ 20，发球方和接发球方按照规定在右发球区发球和接发球。

◎双打（含混双）：如果获得发球权一方当时拥有的比赛分数为零或偶数，如 10 ∶ 5 时，则站在右发球区的选手往对方右接发球区发球；如果获得发球权一方当时拥有的比分为奇数，如 5 ∶ 10 时，则由站在左发球区的选手往对方左接发球区内发球。

得 分

2006 年起，21 分赛制取代 15 分赛制成为羽毛球国际大赛的通用赛制，规则如下：

①每场比赛采取三局两胜制，每球得分。

②率先得到 21 分的一方赢得当局比赛。

③如果双方比分打成 20 ∶ 20，获胜一方需超过对手 2 分才算获胜。

④如果双方比分打成 29 ∶ 29，则率先得到第 30 分的一方取胜。

⑤首局获胜一方在接下来的一局比赛中率先发球。

⑥得分者有发球权，如果本方得奇数分，从左发球区发球；得偶数分，从右发球区发球。

⑦除特殊情况（比如地板湿了、球打坏了）以外，球员不可提出中断比赛的要求。但是，每局一方以 11 分领先时，比赛进行 1 分钟的技术暂停，让比赛双方擦汗、喝水等。

交换场区的规定

在羽毛球比赛过程中，如果出现以下情况，运动员应交换场区：

①第一局比赛结束。

②第三局开始。

③在第三局或只进行一局的比赛进行至一方达到 11 分时。

④如果运动员未按规定交换场区，一经发现即在死球时交换，已得比分有效。

发球区错误的处理方法

发球区错误包括发球、接发球顺序和方位的错误。特别是在少年儿童和业余羽毛球比赛中经常出现，裁判员应避免其发生，并及时按规定处理。

①发球、接发球顺序错误。这是双打比赛中经常容易出现的错误。

②在错误的发球区发球。

③在错误的发球区准备接发球，且对方球已发出。

出现以上错误时，应及时做出处理。

④如果发球区错误在下一次发球击出或击出后发现，则错误不予纠正。

⑤如果发球区错误在下一次发球前发现：

★双方都有错误应"重发球"。

★错误一方赢了这一回合，应"重发球"。

★没错的一方输了这一回合，应"重发球"。

⑥如果因发球区错误而"重发球"，则该回合无效，纠正错误并重发球；如果发球区错误未被纠正，比赛可继续进行，并且不改变运动员的新发球区和新发球顺序。

比赛中的"重新发球"

下列情况发生时应重新发球：

①发球员在接球员未做好准备时发球。

②在发球过程中，发球员和接球员都被判违例。

③发球被回击后，球停在网顶或球过网后挂在网上。

④在比赛进行中，球托与球的其他部分完全分离，即球完全破损。

⑤在比赛中，不可预见或意外的情况发生，如外界器物侵入场区等。

⑥裁判员认为比赛被干扰或教练干扰了双方运动员的比赛。

⑦司线员未能看清球的落点，裁判员也不能做出裁决时。

⑧"重发球"时，该次发球无效，原发球员重新发球。

常见违例

羽毛球比赛中常见的违例动作有发球违例、比赛过程或间歇中违例，任何一方队员出现违例动作均要被裁判为失分。

发球违例

①过手：发球的瞬间，整个球拍头未明显低于发球员的握拍手。

②过腰：发球的瞬间，整个球高于发球员的腰部。

③不正当的延误发球击出，发球挥拍不连续向前。

④脚移动、触线或不在发球区内。

⑤最初击球点不在球托上。

⑥发球员发球时未能击中球。

⑦发球时，球没有落在规定的接发球区内，如发球时，球挂在网上、停在网顶或网后等。

比赛过程中违例

①双打接发球员的同伴去接发球或被球触及。

②球落在球场界线外。

③球从网孔或网下穿过。

④球不过网。

⑤球触及天花板或四周墙壁。

⑥球触及运动员的身体或衣服。

⑦球触及球场或其他物体或人。

⑧球拍与球的最初接触点不在击球者网的这一边，即过网击球。

⑨运动员的球拍、身体或衣服触及球网或球网的支撑物。

⑩运动员的球拍或身体从网上侵入对方场区（击球者在本方击中球后，球拍可随球过网）。

⑪球拍或身体从网下侵入对方场区导致妨碍对方或分散对方注意力。

⑫妨碍对方、阻挡对方紧靠球网的合法击球。

⑬比赛时，运动员故意分散对方注意力的任何举动，如喊叫、故作姿态等。

⑭击球时，球停滞在球拍上，紧接着被拖带抛出。

⑮同一运动员两次挥拍，连续两次击中球。

⑯同方两名运动员连续各击中球一次。

⑰球触及球拍后继续向后场飞行。

其他违例

①运动员严重违反或屡次违反比赛连续性的规定。如：为恢复体力或喘息而延误比赛，未经裁判员的允许，擅自离开比赛场地喝水、擦汗、换球拍、接受场外指导（60秒间歇时间和2分钟间歇时间除外）等。

②运动员行为不端。如：故意改变球形或损坏羽毛球，以影响羽毛球的飞行速度或飞行性能；举止无礼等。

五 裁判术语与手势图
Official's Signals

裁判员术语及手势图

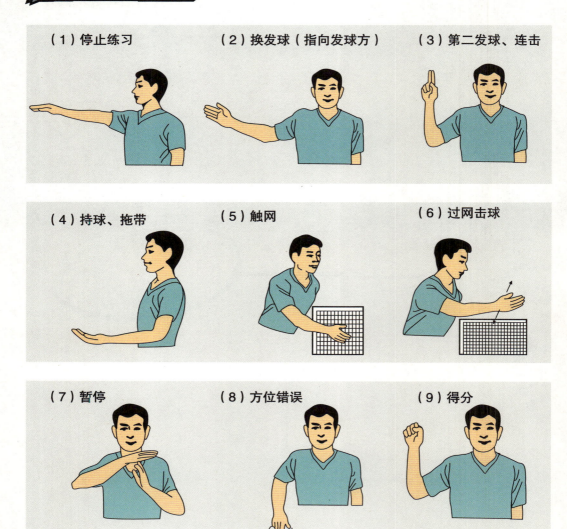

（1）停止练习

（2）换发球（指向发球方）

（3）第二发球、连击

（4）持球、拖带

（5）触网

（6）过网击球

（7）暂停

（8）方位错误

（9）得分

发球裁判术语及手势图

（1）过手

（2）过腰

（3）不正当延误发球，发球挥拍不连续
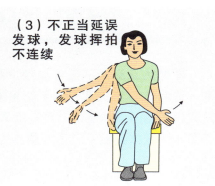

（4）脚移动或踩线

（5）最初击球点不在球托上
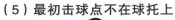
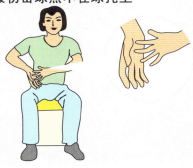

司线员术语及手势图

（1）界外
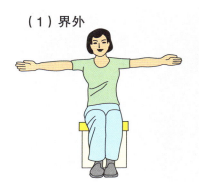

（2）界内
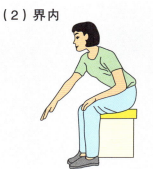

（3）视线被挡

六 运动前的热身活动
Warming Up

　　做好热身活动不仅可以保证我们在比赛中拥有良好的状态，也是运动伤病的第一道防线。热身即是让肌肉及心脏为从事主要运动而做准备，如果不进行热身就突然开始剧烈的运动，可能会导致心跳异常，也就是说易发生身体不适的现象。那么如何做热身呢？以下的热身方式是你最好的选择！

头部运动

- 两腿分开，双手叉腰，站立，颈部向前转动。
- 颈部向后转动。
- 颈部向右转动。
- 颈部再向左转动。

① ② ③ ④

上体前屈

● 双手放体侧，自然站立。

● 上体前屈，双手向后抱住膝后部。

● 足跟着地，用力使上体朝膝关节拉引，保持 5 ~ 10 秒钟。

① ② ③

伸肩展背

● 身体自然挺直站立，双手放体侧，脚尖稍分开。

● 右手高举过肩，屈肘向下，左手背于体后，屈肘向上，双手交握于背部，上下拉伸牵引 5 秒钟。

① ②

扩胸运动

- 两腿分开站立，双臂抬起。
- 双手屈肘于胸前。
- 身体带着双手往右转。
- 身体带着双手往左转。

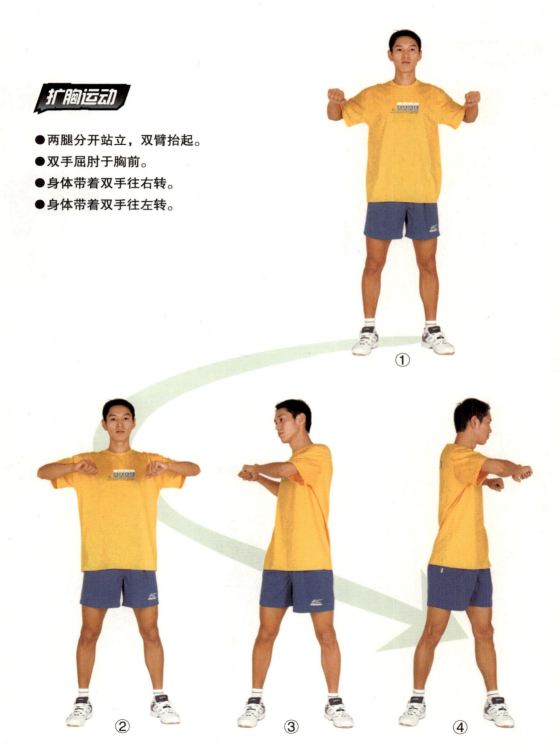

①

②   ③   ④

臂部运动

● 双腿分开站立，双臂打开。
● 右臂放下，左臂屈肘举起。
● 左臂放下，右臂屈肘举起。

压腕

● 身体自然挺直站立，双掌相合，然后往上举起进行压腕。
● 接着弯腰，双手往下压腕。

屈膝转体

●取坐位，双腿屈立，双手撑地。

●右腿屈卧于地面，左腿交叉屈立其上，两手分别抓住两脚。

●上体向右侧转体 90°，保持 5 秒钟后上体转回正前方。

① ② ③

单跪屈膝

●右膝跪地，左膝屈立呈弓步状。

●左手扶膝，右手抓紧右足背。

●适当用力将右足部拉向腰部，保持 5 秒钟后还原。

①
②
③

正压腿

●双腿于身体前后分开站立，双手自然垂放体侧。

●前腿屈膝，后腿绷直，呈正弓步状，向下压腿，重复数次。

①
②

侧压腿

● 左腿屈膝，右腿绷直，呈侧弓步状，向下压腿。

● 右腿屈膝，左腿绷直，呈侧弓步状，向下压腿。

● 身体蹲下，重量压在左腿上，右腿绷直。

● 把重心转到右腿上，左腿绷直。

① ② ③ ④

盘坐压腿

● 取坐位，盘腿屈膝，足底互贴，双手放在双膝上。

● 双手适当用力将膝部向下按压，重复数次。

① ②

手腕与脚踝的结合运动

● 十指交叉，踮起右脚尖。

● 同时转动右脚腕和手腕。

● 换脚重复。

① ② ③ ④

Basic Skills of Badminton

PART 3

羽毛球运动的基本技术

全面、正确、合理、熟练地掌握羽毛球运动的基本技术是提高羽毛球技术水平的基础与关键。严格说来，羽毛球运动的基本技术主要由上肢的基本手法和下肢的基本步法两大部分组成。上肢的基本手法由握拍、发球和击球三个技术部分组成，下肢的步法则由基本站位、前场上网、中场左右步法和后场后退步法组成。在羽毛球运动中，上下肢的基本技术既相互独立、各成一体，又相互协调、密切配合，共同构成一个完整的技术动作。只有完美结合上肢的基本技术和下肢的基本步法的球员才能称为优秀的球员。

一 握拍方法
Grip

有人曾做过这样的比喻："羽毛球的球拍是选手手臂的延伸。"正确握拍可使球拍与人的手有机地融为一体，选手可用这只"延长的手"随心所欲地迎击不同方向、不同速度的来球，达到手与球拍的完美结合。羽毛球的握拍分为正手握拍和反手握拍。当然，对于一名高水平的选手来说，握拍不是一成不变的。在实战中为了更好地控制球的落点，应视具体情况，因时、因地细微地调整握拍，如力量型握拍和钳式握拍等。但所有这些调整都是建立在正、反手两种基本握拍技术的基础上的。

正手握拍

用钟表做比喻，球拍和击球者是处于 6 点的位置关系。

正手握拍法几乎适合各种打法，尤其适合初学者使用。

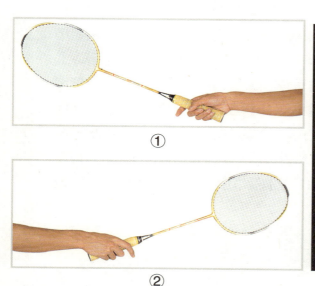

①

②

动作要领

（1）紧紧抓牢球拍，指根轻贴拍柄。拇指位于拍柄侧。

（2）其他手指从另一侧环绕拍柄，中指指甲在拇指下，食指在拇指上面。球拍尾部正抵在鱼际处。整个手保持一种向别人问好似的手型（像握手）。

③

④

反手握拍

反手握拍又叫拇指握拍，主要应用于反手扑球、反手防守和反手平抽球。

动作要领

（1）以一般握拍法轻握球拍，将胳膊翻转（6点位置）。

（2）手中球拍随手指尽量向右转，直到拇指转到拍柄另一侧为止。

（3）图4为反手握拍的视图，即击球的透视图。这时球拍正好处于9点15分。

①

②

③

④

⑤

（4）图 5 为反手握拍的侧视图。由此你可以清晰地看到拇指所在位置和前臂外旋发力的情况。前臂和拍杆此时应时刻保持 102°～130° 角的状况。重要的是手腕要随手背灵活转动。

钳式握拍

通过名字就可以看出握拍手法就像钳子一样。

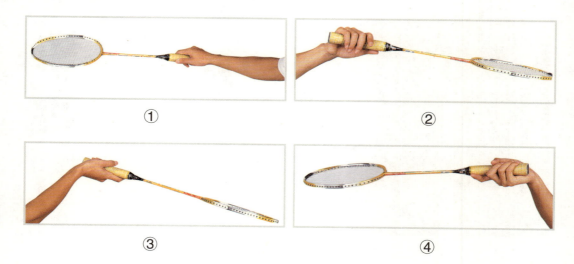

①

②

③

④

★**反手:**

（1）食指、中指、无名指和小指并拢在球拍柄上侧。

（2）击球者可以转动手腕，使拍头拍弦面处于水平状态（与地面平行）。

（3）拍头略微下沉。拇指处于拍柄下侧接触面。

（4）为了提高击球远度，要握拍柄底部的时间长一些。

★**反手应用:** 反手放网、反手搓球、反手发球。

★**正手:**

（1）这里同样，拇指不同于其他手指处于另一侧，无论怎样手指都紧密地排列于狭窄的拍柄上。（图3、4）

（2）拍头略微下沉。

★**正手应用:** 正手放网、正手搓球。

锤式握拍

击球前一定要握紧球拍，如同握紧锤子往木板上钉钉子一样。

动作要领

单手紧握拍柄，五指合并，食指指尖位于拇指下面并与之相接触。（图1、2）

★**应用:** 对付大力来球。

★**注意事项:** 需防止前臂肌肉扭伤。

① ②

基本姿势
Basic Postures

　　运动员在完成发球后或者等待对方进攻时，应将身体迅速调整到可以立刻向所有方向运动的基本姿势。

① ② ③

动作要领

★ 踝关节、膝关节和髋关节稍稍弯曲。双脚分开大约与肩同宽，平行或者稍微前后站立。

★ 身体重心均匀地分配到双脚的前脚掌（脚趾）上。

★ 前臂在肘关节处弯曲成 90°。前臂向前，后臂在体侧轻松地伸展。

★ 击球手臂的肘关节位于身体前面，以便获得动作的灵活性。

★ 拍头大约位于胸部的高度。

★ 目光向前投向球。

★ 身体准备好完成动作。

④

⑤

⑥

⑦

挥拍技巧
Swing of the Racket

　　正确的挥拍动作，可以使你充分发挥自己的潜能和节省体力、减少伤病。羽毛球的挥拍对速度要求高，对力量要求不是太高。举个很简单的例子：练投掷和举重项目的运动员的手臂力量比羽毛球运动员的手臂力量要大得多，但如果要他们来和羽毛球运动员比杀球的力量的话，就比不过了。原因就在于挥拍的速度。挥拍的速度越快，产生的力量就越大。在很多比赛中，我们可以看到有些运动员身材单薄，但杀出的球势大力沉，球像出膛的子弹一样。所以，速度加力量才是最完美的。

内旋击球（前臂内侧转动）

　　所谓"内旋击球"，就是手腕向外翻动带动球拍做顺时针旋转击球。在正手范围内，内旋击球很具杀伤力。

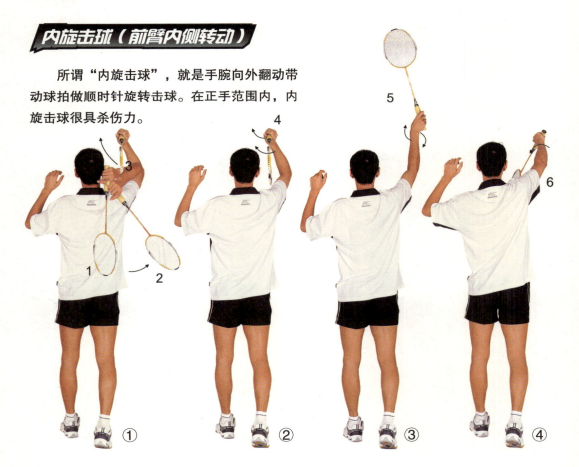

动作要领

★图 1~4 为内旋击头顶球。

（1）通过上肢和髋部的转动带动肘关节向前（图 1 中位置 1、2），肘关节正对球网。

（2）同时前臂要转动，重心要后仰，直至手心冲脸。（图 1 中位置 3）

（3）手臂拉伸，向前旋转（内旋）直到手背冲脸。（图 2—4）

（4）球拍和前臂成直角。手腕在击球过程中随手背弯曲。（图 4 位置 6）

★图 5、6 为正手挑球。

（1）前臂向外做好击球预备动作。（图 5 位置 1）

（2）用力向内旋前臂挥拍。（图 5 位置 2，图 6 位置 3—5）

（3）在挥拍击球时前臂要放松（图 6 位置 4），在最后停止挥拍阶段要用力（图 6 位置 5）。手腕在击球过程中随手背弯曲。

注意事项

在大力击球时，内外旋手臂混合使用是很重要的。在反手击球时，外旋前有一个先向内旋。需要预先使肌肉紧张起来，增长加速过程。

⑤

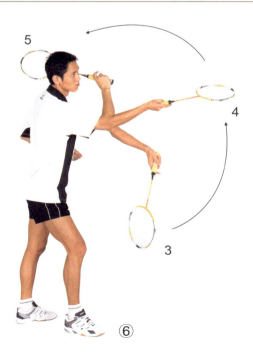

⑥

51

外旋击球（前臂外旋）

所谓"外旋击球"，就是手腕外伸后带动球拍做逆时针旋转击球。

动作要领

★反手范围内外旋击球很具杀伤力。

（1）首先提高肘关节，直至最高，拍头指向地面，前臂首先内旋。（图1位置1—3）

（2）不要停顿，肘部伸直，前臂反向外旋。（图1位置4—6）

图2—4为低手外旋击球。

　　主要用于接发高球。羽毛球运动中很少有例外，总是分三个阶段：运动过程中，站在最佳位置便于击球；击球，打击阶段；返回到中心位置。这个动作主要靠臂膀的力度，身体重心随挥臂转动后，把球迅速拍出去。

● 过顶 / 高手范围

① ② ③ ④

动作要领

★ 正手头顶扣杀（图 1~6）

（1）在击球过程的第一阶段，球拍挥向相反方向，向右侧肩部引拍。（图 1 位置 1、2）

（2）位置返回向右肩，髋部和肘部向前围。（图 2 位置 3）

（3）肘部下际为击球方向，到位置 5 后不再有停顿。（图 3 位置 4、5）

（4）肘关节带动前臂快速且有力地内旋将球击出。（图 4 位置 6）

⑤　　　⑥　　　⑦　　　⑧

（5）击球后近乎伸直的肘关节继续带动前臂内旋，球拍紧接着挥完，慢慢停止于身体左侧。（图5位置7和图6位置8）

★反手头顶扣杀（图7、8）

（1）沿击球反方向移动拍头后抬高肘关节。（图7、8位置1）

（2）从位置2起没有停顿，前臂快速用力外旋。（图8位置2）

（3）肘关节近乎伸直，击球时有一个用力加速过程。（图8位置3）

　　以上各图，描述的是过顶/高手范围击球过程，在描述击球过程中经常会用到这种图来解释一系列动作。

注意事项

　　摆臂挥拍在加快拍头击球速度方面很有效。加速过程尽量要长，要多观察各种明显的强力击球动作。在软击球中（如正手头顶吊球）加速过程并不重要，而这里就需要长的大力击球。

●下手范围

主要用来防御、接发低球。

① ② ③ ④ ⑤

动作要领

①击球者在原始位置从身体一侧向后引拍，同时前臂准备向外旋。（图1、2）
②到达一定位置后，从此位置出发，前臂紧挨身体向前移动。（图3）
③前臂转动用力外旋，拍头向下。（图4位置1）
④拍头在不做任何停顿的情况下在前臂带动下内旋，加速击球。（图4位置2）
⑤击球后轻轻弯曲胳膊，转动前臂，拍头向身体左侧挥去。（图5）

四 基本步法与移动技巧
Basic Footwork Skills

　　步法被誉为"羽毛球运动的灵魂"，因为许多击球技术都是靠熟练、快速、准确的步子移动来完成的。

基本步法

● 并步

① ② ③

动作要领

　　当右脚向前（或向后）移动一步，左脚即刻向右脚跟并一步，接着右脚再向前（或向后）移一步。（图1—6）

④　　　　　　　　　　⑤　　　　　　　　　　⑥

●交叉步

①　　　　　　　　　　②　　　　　　　　　　③

动作要领

　　左右脚交替向前、向后或侧向移动为交叉步。一脚经另一脚的前面并超越的，为前交叉步；一脚经另一脚的后跟并超越的，为后交叉步。（图1—3）

● 垫步

① ② ③ ④

⑤ ⑥ ⑦

动作要领

　　当右脚向前（或左脚向后）迈出一步后，后脚跟进，紧接着同一只脚再向前（或向后）迈一步，为垫步。垫步一般用作调整步距。（图1—7）

● 蹬跨步

① ② ③

④ ⑤ ⑥

动作要领

　　在移动中的最后一步，左脚用力向后蹬地的同时，右脚向来球的方向跨出一大步，称为蹬跨步。它多用于上网击球，在向后场底线两角移动抽球时也常采用。（图1—6）

前场移动技巧

在羽毛球技术中，无论正手上网还是反手上网，都要求最后一步到位击球时，应保持右脚在前、左脚在后的身体姿势。所以，正手上网时的脚步移动方法和反手上网时的脚步移动方法是基本相同的，区别在于：反手上网步法起动时，右髋应迅速转向左前方，使身体右侧斜对反手网前的击球点位置。

● 正手蹬跨上网步法

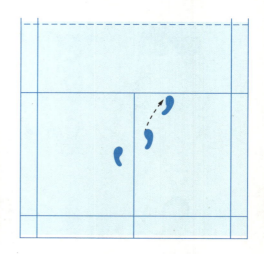

动作要领

当来球在右前场区距身体很近时，左脚用力向后蹬地，右脚向右侧来球方向蹬跨一步，上网击球。

● 正手交叉上网步法

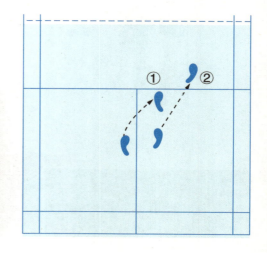

动作要领

当来球在前场右侧距身体较近时，起动后，左脚向身体右侧前方来球的方向迈出一小步，紧接着左脚用力蹬地，同时右脚经左脚向前方跨出一大步，正手击球。

● 正手三步交叉上网步法

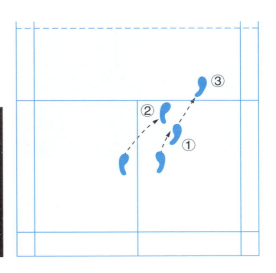

动作要领

　　当来球在前场右侧距身体较远时，起动后右脚迅速向身体右侧前方迈出一小步，左脚紧接着向前交叉迈出第二小步，同时左前脚掌用力蹬地，右脚向右前方跨出一大步，正手击球。

● 反手蹬跨上网步法

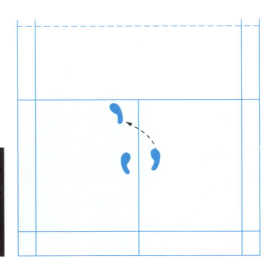

动作要领

　　当来球在前场左侧距身体很近时，起动后左脚蹬地，右脚向左侧来球方向蹬跨一步，上网，反手击球。

●反手交叉上网步法

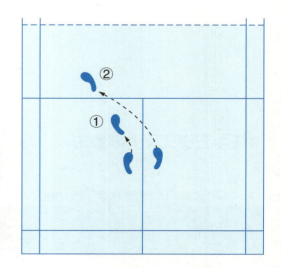

　　当来球在前场左侧距身体较近时，起动后，左脚向身体左侧前方来球的方向迈出一小步，紧接着左脚用力蹬地，右脚经左脚向左前方跨出一大步击球。

●反手三步交叉上网步法

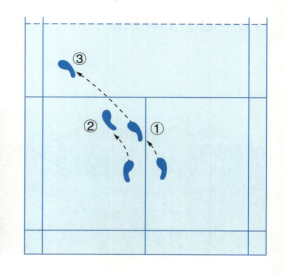

　　当来球在前场左侧距身体较远时，起动后，右脚迅速向身体左侧前方迈出一小步，左脚紧接着向前交叉迈出第二小步，同时左前脚掌用力蹬地，右脚向左前方跨出一大步击球。

● 正手蹬跨接杀步法

① ② ③

动作要领

　　当来球在右侧中场距身体较近时，左脚向身体右侧方向蹬地，右脚向来球方向转动的同时向前跨一步，正手击球。（图1—3）

● 正手垫步接杀步法

动作要领

当来球在中场右侧距身体较远时，起动后，左脚向右后侧垫一小步，右脚紧接着向来球方向跨一大步，正手击球。

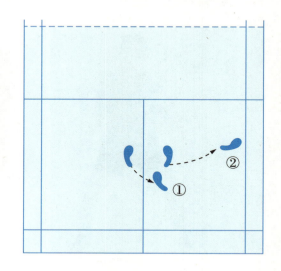

● 反手蹬跨接杀步法

因为羽毛球左侧场区的击球都是反手，反手向左侧移动的步法有面对球网和背对球网两种。反手蹬跨接杀步法是面对球网的移动步法。

动作要领

当来球在中场左侧距身体较近时，右脚用力向来球方向蹬地，左脚向左侧转髋的同时向来球方向跨一步，反手击球。

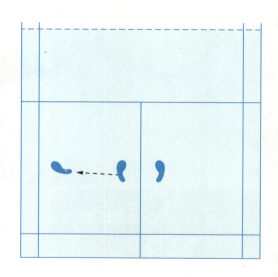

● 反手垫步接杀步法

反手垫步接杀步法是背对球网的移动步法。

当来球在中场左侧距身体较远时，左脚向来球方向垫一小步，并向前方用力蹬地，同时向左侧转体，右脚紧接着经体前交叉向来球方向跨出一大步，背向球网，反手击球。

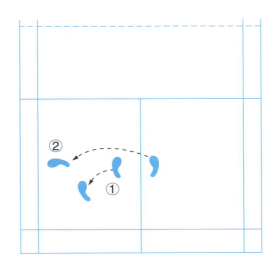

后场移动技巧

● 正手两步后退步法

当来球在后场距身体较近时，起动后，右脚向来球方向后退一大步，左脚紧接着蹬地，然后向右脚并上一小步，重心在右脚上。

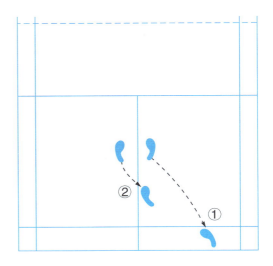

● 正手三步后退步法

动作要领

　　当来球在后场距身体较远时，起动后，右脚先向来球方向后退一小步，左脚紧跟着经右脚往后交叉退一步，右脚再经左脚向后交叉退一步，身体重心放在右脚上。

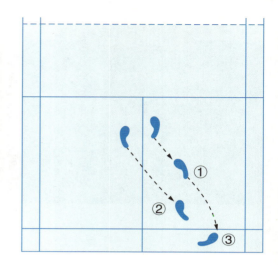

● 反手两步后退步法

动作要领

　　当来球在左后场区距身体较近时，起动后，左脚向来球方向后退一小步，以左脚前脚掌为轴心，右脚经体前向身体左后侧蹬地转体，并向来球方向跨出一大步背对网，反手击球。

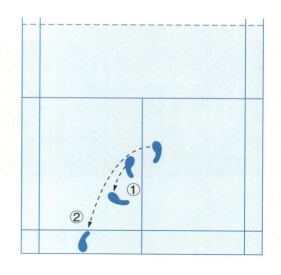

●反手三步后退步法

当来球在左后场区距身体较远时，起动后，右脚经体前转体向来球方向后退一步，左脚紧随其后经右脚向来球方向再退一步，右脚再经左脚向来球方向交叉退一步，身体重心放在左脚，背对球网，反手击球。

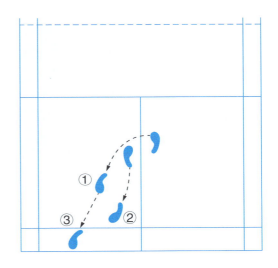

●头顶后场反手两步后退步法

动作要领

当来球在左后场区距身体较近时，起动后右脚向来球方向退一大步，左脚紧随其后蹬地向右脚并一步，右脚再退一小步，重心放在右脚上，用头顶击球技术击球。

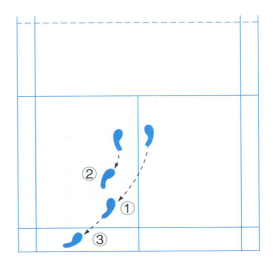

●头顶后场反手三步后退步法

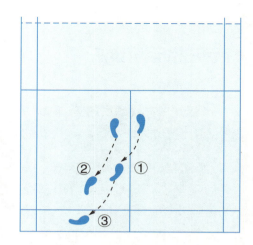

动作要领

　　当来球在后场区距身体较远时，起动后，右脚向来球方向后退一小步，左脚紧随其后经右脚向后交叉退一步，右脚再经左脚向后交叉退一步，身体重心放在右脚上，用头顶击球技术击球。

连贯步法技巧

　　在羽毛球步法中，不需要重新起动的步法叫作连贯步法。连贯步法又分为前场至后场的连贯步法和后场至前场的连贯步法。

●前场至后场直线连贯步法

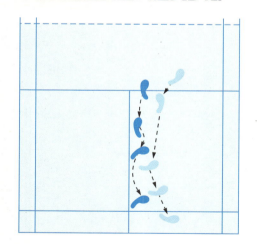

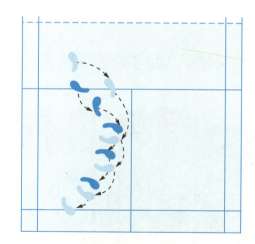

动作要领

　　在网前完成击球动作，身体姿势复原后，用并步后退步法，右髋向右后方转动，右脚移于左脚之后，以并步或交叉步移动至后场。

● 后场至前场直线连贯步法

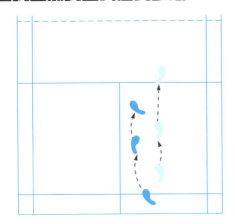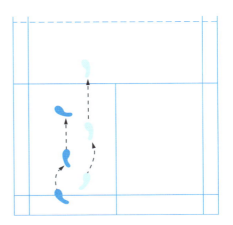

动作要领

　　在后场完成击球动作、身体姿势复原后，以交叉直线跨步冲向网前做上网动作。
　　如果是蹬力较强的运动员，从后场到网前只需要三四步。还有一种直线连贯步法是稍向中心位置移动一点，然后上网。

● 后场至前场斜线连贯步法

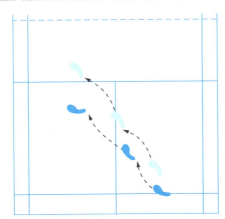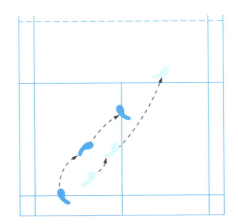

动作要领

　　在后场完成击球动作、身体姿势复原后，以交叉斜线跨步冲向对角网前做上网动作。

●正手网前斜线退后场步法

在网前完成击球动作、身体姿势复原后，并步向后退一步，右髋向右后方转动，带动右脚移于左脚侧后方。

由于髋部转动的幅度很大，需要左脚同时向右侧转小跳步，左脚脚尖朝着右侧边线，以并步或交叉步移动至后场。

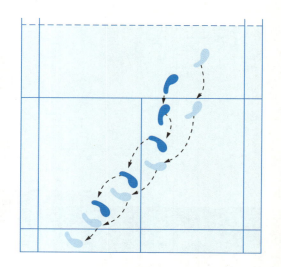

●反手网前斜线退后场步法

在网前完成击球动作、身体姿势复原后，并步向后退一步，右髋向右后方转动，带动右脚移于左脚右侧，以并步或交叉步移动至后场。

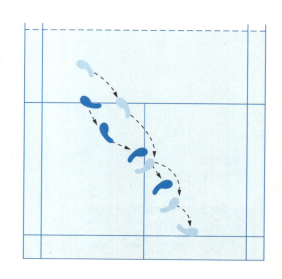

五 发球技术
Skills of Serving a Ball

　　发球是羽毛球比赛中一种十分重要的基本技术。在羽毛球比赛中，任何一场球的竞技都始于发球，发球质量高，可有效地陷对手于被动，为得分创造条件，甚至可以直接得分。发球分为正手发球和反手发球，按发球的空中飞行弧线又可以分为发高远球、平高球和网前球三种。除发高远球采用正手发球外，其余用正手或反手发球均可。

发球站位与姿势

● 正手发球

正手发球

动作要领

　　（1）身体左肩侧对球网，两脚分立，与肩同宽。左脚在前，脚尖向网；右脚在后，脚尖稍向右侧，重心放在右脚上。

　　（2）准备发球时，右手握拍向右后侧举起，肘部微屈，左手拇指、食指和中指夹住球，举在腹部右前方。

　　（3）准备发力击球时，先放开球，然后挥拍击球。击球时，身体重心由右脚移至左脚上。

● 反手发球

反手发球

（1）发球站位可在发球线后10～15厘米及中线附近，面向球网，两脚前后开立（左右脚在前均可），上体稍前倾，身体重心放在前脚上。

（2）右臂屈肘用反手握拍，拍头向下，拍面在身体左侧腰下，左手拇指与食指、中指控制球的两三根羽毛，球托朝下，球体或球托在球拍前对准拍面。

（3）击球时，前臂带动手腕朝前推送或横切。

发球动作中的常见错误

◎持球手将球向上抛而不是放开球使之顺势落下，这种动作将影响发球稳定性。

◎击球瞬间，拍面没有正对球头。击球时，出现不同角度的切球动作，这种动作将极大地影响发球的高度和角度。

◎发球时击球瞬间，球拍的顶端未向下，整个拍框未明显低于握拍的整个手部，为"过手"违例。

◎运动员发球时，肘关节未提起，击球点离体侧较远，有横扫动作，如发平球和平快球均易"过手"违例。

◎发球时，球的任何部位在击球的瞬间高过发球员的腰部，成为"过腰"违例。腰应以发球员的最后一根肋骨下沿的水平切线为准。一般情况下，在发球员裤腰带偏上，不能以裤腰带为准。

正手发球

● 高远球

　　发高远球就是把球发得既高又远，使球向对方的后场上方飞去，球的飞行路线与地面形成大于 45° 的角，球在对方场区底线附近（界内）垂直下落。

　　发高远球的目的是使对手退到底线去击球，如果发高远球的质量较高，发得又高又远，则可以限制对方的进攻战术，使对方在接发高远球的时候，不容易马上进攻。在对方体力不足的时候，发高远球也可以使对方消耗更大的体力。

① ② ③

动作要领

　　（1）准备发高远球的时候，站在离前发球线 1 米左右发球场区中线附近，面对球网，两脚自然开立。左脚在前，右脚在后。身体重心放在右脚，身体略微向后仰，右手向右后侧举起，肘部稍弯曲，左手拿球置于胸前（可拿球的任何部位）。（图1）

　　（2）发球的时候，左手放球落下，右手的大臂带动小臂从右后方往左前上方挥动。大臂开始挥动的同时，身体重心随势由右脚移到左脚。（图2、3）

（3）当球落到击球人手臂向下自然伸直能触到球的部位的一刹那，握紧球拍，并利用甩手腕的力量，向前上方鞭打击球，在把球击出的同时，手臂向上方挥动。击球之后，身体重心也由右脚移至左脚，身体微微向前倾。（图4—6）

身体重心的移动、手臂的挥动和手腕的鞭击这几个动作上的力量要协调好，使得整个动作连贯协调，把身体各部分的力量通过球拍作用到球上。

④　　　　　　　　　　⑤　　　　　　　　　　⑥

●平高球

发平高球时，球运行的抛物线不大，使球迅速越过对方场区，落到底线附近。球在空中飞行的路线与地面形成的仰角是45°左右。

发平高球的动作基本上与正手发高远球相同，但发力方向与击球点有些差别。在击球的瞬间，前臂加速带动手腕向前上方挥动，以向前用力为主。发出球的弧线以对方伸拍击不到球的高度为宜，并应落到对方场区底线内。

在比赛时运用这种发球，作用也是迫使对手退到底线击球，限制对手的对攻。

① ② ③

④ ⑤

（1）准备发平高球时，站在距前发球线1米左右发球场区中线附近，面对着球网，左脚在前，右脚在后，两脚自然分开。身体重心放在左脚，身体自然地略向后仰，右手向右侧举起，肘部稍弯曲，左手拿球并自然地在胸前弯曲。（图1）

（2）发球时，左手把球在身体靠右前方的位置放下，使球下落，右手同时挥大臂带动小臂，小臂加速自右后方往左前方挥动球拍。（图2）

（3）当球落到击球人腰部稍下的瞬间，紧握球拍，手腕向前上方击球（以向前为主）。击球时，其动作比发高远球的动作弧度小，从小臂起到最后球拍击球的整个过程就像甩鞭子一样。（图3—5）

● 网前球

发网前球就是把球发到对方发球区内的前发球线附近。比赛中发网前球可避免对方接发球时往下压球，限制了对方的一些进攻技术。

握拍要放松，上臂动作要小，主要靠前臂带动手腕向前送，球的弧线要尽量控制贴网而过，落点在前发球区附近。

① ② ③ ④ ⑤

动作要领

（1）发网前球时，站位稍前。由于网前球飞行距离短、弧线小，因此大臂挥动的幅度和手腕伸的角度要比发高远球小许多。（图1）

（2）球拍触击球时，拍面从右向左斜切击球，使球刚好越网而过，落在对方前发球线附近。（图2—5）

反手发球

　　反手发球时，球拍由后向前推送击球，使球运行的弧线最高点略高于网顶。球拍触球时，拍面呈切削式击球，使球落到对方场区的前发球线附近。

● 平高球

　　①　　　　　②　　　　　③　　　　　④

　　（1）准备发球时，站在距前发球线1米左右发球场区中线附近，面对球网，右脚在前，左脚在后，两脚自然分开，踮脚尖，重心放在双脚前脚掌，右手向右侧举起，肘部稍弯曲，左手拿球并自然地在胸前弯曲。

　　（2）发球时，左手把球在靠身体右前方的位置放下，使球下落；同时右手挥大臂带动小臂，小臂加速自右后方往左前方挥动球拍。

　　（3）当球落到人腰部以下的瞬间，紧握球拍，手腕向前上方击球（以向前为主）。击球时，其动作比发高远球的动作弧度小，从小臂起到最后球拍击球的整个动作就像甩鞭子一样。

● 网前球

反手发网前球就是运用反手发球技术把球发至对方发球区内接近发球线附近。

准备动作不充分，球拍掉在下方，身体僵直，重心偏高（高脚直立）。
拍头低于手腕。

①　　　　　　　②　　　　　　　③　　　　　　　④

动作要领

（1）站位靠近前发球线，左脚或右脚在前均可，身体重心在前脚，上体前倾，后脚跟提起。右手反握拍柄的稍前部位，肘关节提起，手腕稍前屈，球拍低于腰部，斜放在下腹前方。左手持球在拍面前方。（图1、2）

（2）发球时，球拍由后向前推送击球，使球运行的弧线最高点略高于网顶。球拍触球时，拍面呈切削式击球，使球落到对方场区的前发球线附近。（图3、4）

六 击球技术
Practice the Stroke

击球分类

一个优秀的羽毛球运动员，必须掌握全面、实用、正确的击球技术。击球技术的好坏，最终体现在击出球的球速控制变化能力的高低，球的飞行弧线的控制变化能力的高低，球的落点是否准确和在同样一个击球点上能否击出速度、弧线、落点多种变化的球，使对方难以判断、回击等方面。

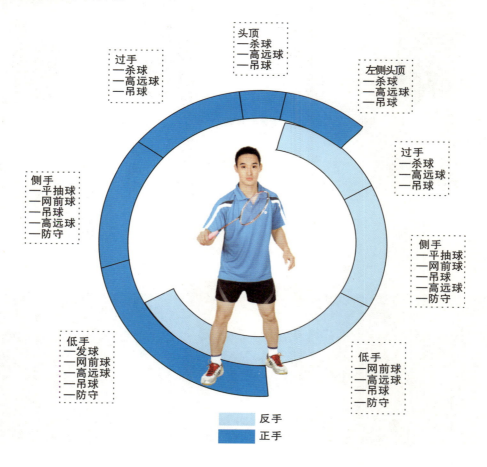

过手
—杀球
—高远球
—吊球

头顶
—杀球
—高远球
—吊球

左侧头顶
—杀球
—高远球
—吊球

过手
—杀球
—高远球
—吊球

侧手
—平抽球
—网前球
—吊球
—高远球
—防守

侧手
—平抽球
—网前球
—吊球
—高远球
—防守

低手
—发球
—网前球
—高远球
—吊球
—防守

低手
—网前球
—高远球
—吊球
—防守

反手

正手

● 按击球点分类

正拍　用持拍手掌心一边的拍面击球称为正拍。（图1）

反拍　用持拍手手背一边的拍面击球称为反拍。（图2）

头顶球　击球者用正拍拍面击打反手区肩部上方的来球（上手球），称为头顶球。（图3）

上手球　击球时，击球点在击球者肩部以上的，称为上手球。（图4）

下手球　击球时，击球点在击球者肩部以下的，称为下手球。（图5）

　　下图很清晰地显示了不同的击球点位置。图1、3、4为正手击球，图2、5为反手击球，其中反手过手击球是最难的，它需要特殊的击球技法和跑动方法。

① ② ③ ④ ⑤

● 按击球时击球者在场上的位置分类

前场　前发球线附近至球网的区域。

后场　从端线至场内约 1 米处的区域。

中场　前、后场区之间的区域。

左、右场区　以发球区的中线为界，分为左、右两个场区。

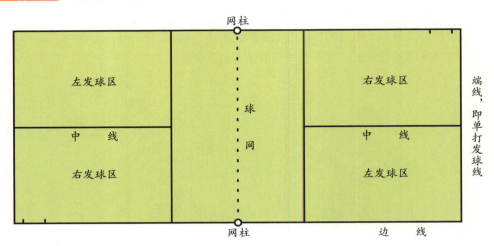

● 按球的飞行弧线分类

高远球　从场地一边的后场，以高弧度击到对方后场。

平高球　从场地一边的后场，以较低的弧度（不让对方在半途拦截到）击到对方后场。

平射球　从场地一边的后场，以较平的弧度击到对方后场。

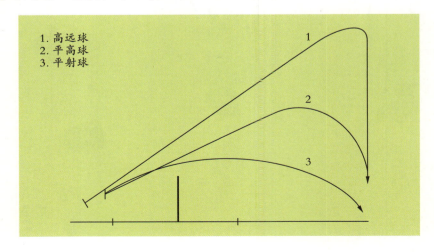

平抽挡球　击球点在击球员身体的两侧或近身，使球以与地面平行或稍向下飞行的弧度击到对方场区，挥拍动作幅度较大的称为抽球，挥拍动作幅度较小的称为挡球。

扣杀球　从场地一边的中、后场使球快速向下直线飞行到对方场区。

吊球　从场地一边的后场，把球以向下飞行的弧线击到对方近网场区。

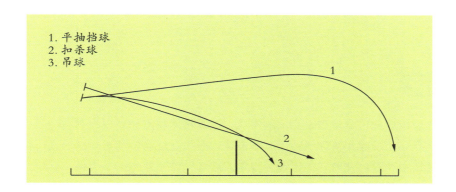

1.平抽挡球
2.扣杀球
3.吊球

挑高球　在前场或中场低于球网处，使球向上以较高的弧度击到对方后场。

放网前球　把球从本方网前击到对方近网区。

搓球　用拍面切击球托，使球带有旋转和翻滚飞行过网。

勾球　在网前把球以对角球路线击到对方网前。

扑球　在近网高处把球以快速直线向下击到对方场区。

推球　在靠近网的三分之一上部，使球以低平的弧线击到对方后场区。

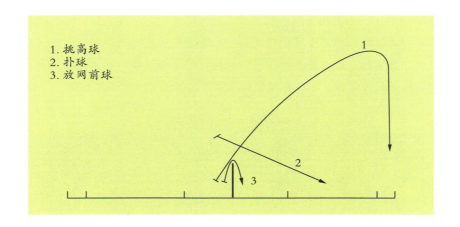

1.挑高球
2.扑球
3.放网前球

过网击球是指在比赛进行中，对方击来的球尚未过网，即以球拍过网到对方场区的违例现象。主裁判员应注意观察球在网上空的位置，以及球和球拍接触时击球点在空间的位置，如果球的某部分已过网，球与球拍的最初击球点是在击球者这一边，则为合法还击。如球的羽毛已过网，举拍击球后球拍随击球动作过网，也为合法还击。

高手击球

高手击球指的是击球点高于头部的击球，按其技术特点和球飞行弧线的不同，可分为高远球、平高球、吊球和杀球四种。高手击球一般用在后场主动进攻或调动、控制对方，所以也称后场主动进攻技术。在比赛过程中，后场区域是双方必争之地，后场击球技术在整个羽毛球技术中是极为重要的部分。

● 高远球

高远球指的是击出高弧线飞行、几乎垂直落到对方端线附近场区内的球。在自己处于被动情况下，打出高远球，可以逼迫对方远离中心位置而退到端线附近去回击球，从而争取到较多时间来调整场上位置，摆脱被动局面。如果运用适当，高远球也能为进攻创造良好条件。

正手高远球

采用正手握拍法，用正拍面击出的击球点在身体右侧方的高远球，称为正手高远球。它分原地正手高远球和起跳正手高远球两种。初学者应从原地正手击高远球开始练习，然后过渡到起跳击高远球。起跳击高远球是在原地做好准备动作，然后右脚起跳，随即在空中转体并完成引拍击球动作，击球点是在球从空中最高点落下的瞬间位置。

动作要领

（1）首先判断准确来球的方向和落点，然后向右后方转体侧身后退，使球处在自己头部前上方的位置，左肩对网，左脚在前，右脚在后，重心在右脚上，左臂屈肘，左

手自然高举，右手挥拍，手臂自然弯曲，将球拍举在右肩上方，手腕、拍面稍内旋，两眼注视来球。（图1）

（2）击球时，右手上臂后引，肘关节上提，将球拍后引至头部，自然伸腕（拳心朝上），然后在后脚蹬地、转体收腹的协调用力下，以肩为轴，上臂带动前臂快速向前上方甩腕，在手臂伸直的最高点击球。（图2、3）

（3）击球后，持拍手臂顺惯性往前下方挥动并收拍至体前，与此同时，左脚后撤，右脚向前迈出，身体重心由后脚移到前脚上。（图4、5）

① ② ③ ④ ⑤

反手高远球

① ② ③ ④ ⑤

动作要领

（1）首先判断准确对方来球的方向和落点，然后迅速将身体转向左后方。移动步法，最后一步用右脚交叉跨到左侧底线，背对网，身体重心在右脚上，使球处在身体右上方。（图1—3）

（2）击球时，以大臂带动小臂，产生初速度；在肘部上抬至与肩平行时，转为小臂带动腕部，通过手腕的闪动，自下而上地甩臂将球击出。（图4）

（3）在最后用力时，要注意拇指的侧压力与甩腕的配合，以及两腿蹬地、转体时全身协调用力。（图5）

头顶高远球

　　如果对方击过来的球飞往自己的后场区，那么击球点应选择在头顶上方。这就是头顶高远球。头顶高远球的动作要领与正手高远球基本相同，只是击球点偏左肩上方。准备击球时，身体偏左倾斜。击球时，上臂带动前臂使球拍绕过头顶，从左上方向前加速挥动，注意发挥手腕的爆发力击球。

①　②　③　④　⑤

动作要领

　　（1）准备击球时，身体偏左倾斜。（图1）

　　（2）首先准确判断来球的方向和落点，然后向右后方转体侧身而退，使球处在自己头部前上方，左肩对网，左脚在前，右脚在后，重心在右脚上，左臂屈肘，自然高举，右手握拍，手臂自然弯曲，将球拍举在右肩上方，手腕、拍面稍内旋，两眼注视来球。（图2）

　　（3）右上臂向上抬，球拍由右绕过头顶。击球点应选择在头顶上方的部位。

　　（4）击球时，右前臂向前上方由内旋带动手腕突然回收发力挥拍形成鞭打，击球托的后部使球过网。（图3—5）

　　（5）击球后，小臂内旋较明显，惯性作用小，手臂自然向前摆动；落地时左腿向左后方跨幅较大。

●平高球

平高球是指击出的飞行弧线比高远球低，但对方举拍又拦截不到，落点在对方端线附近场区内的球。平高球技术是由高远球技术发展而来的，但提高了移动速度、创新了击球手法、加大了挥拍击球时的爆发力、加快了球的飞行速度。

平高球属于后场快速进攻的主要技术之一，它是比赛中控制与反控制、直接进攻或主动过渡以创造进攻机会的有效手段。在比赛中，通常运用平高球控制对方后场底线两角，迫使对方在匆忙后退中回击球。如果对方移动步法较慢，反控制能力较差，则回球质量差，就会有可乘之机。

击平高球的方法与击高远球的方法是基本一致的，它们的技术特点和要求的区别在于：

①在击球点上的拍面仰角小于击高远球时的拍面仰角（拍面仰角的大小是决定击出球弧线的关键）。

②要善于控制球的飞行弧线和落点，击出去的平高球的高度，要根据对方的身材高矮与弹跳能力准确控制（以不让对方在中场位置上起跳拦截为准）。同时还要考虑到球的轻重、快慢、风速、风向等因素的影响，准确控制力量，才能使落点准确。

动作要领

（1）首先判断准确来球的方向和落点，然后向右后方转体侧身而退，使球处在自己头部前上方的位置，左肩对网，左脚在前，右脚在后，重心在右脚上，左臂屈肘，左手自然高举，右手握拍，手臂自然弯曲，将球拍举在右肩上方，手腕、拍面稍内旋，两眼注视来球。（图1）

（2）击球时，上臂后引，肘关节上提，将球拍后引至头部，自然伸腕（拳心朝上），然后在后脚蹬地、转体收腹的协调用力下，以肩为轴，上臂带动前臂快速向前上方甩腕，在手臂伸直的最高点击球。（图2—4）

（3）击球后，持拍手臂顺惯性往前下方挥动并收拍至体前。与此同时，左脚后撤，右脚向前迈出，身体重心由后脚移到前脚上。（图5、6）

●吊球

　　吊球是指将对方击来的后场高球打到对方前场向下坠落的球。吊球技术分为正手、反手和头顶三种手法。按球的飞行弧线和击球动作的不同分为劈吊、拦截吊和轻吊。劈吊击球前动作与打高球、杀球相似，击球时用力较轻，带有劈切动作，落点一般离网较远；拦截吊是把对方击来的平高球拦截回去，击球时用拍面正对来球，轻轻拦切或点击，使球以较平的弧线、较慢的速度越网垂直下坠；轻吊击球前期动作与打高球相似，击球时拍面正对来球，在触球的刹那，突然减速或轻切来球，使球刚一过网即下坠。

正手吊球

　　击球准备和前期动作同正手高远球，但击球时击球点比击高远球稍前，拍面正向内倾斜，手指、手腕发力，做快速切削压动作，击球托的后部和侧后部。

① → ② → ③ → ④

动作要领

　　（1）首先判断准确来球的方向和落点，然后向右后方转体侧身后退，使球处在自己头部前上方位置，左肩对网，左脚在前，右脚在后，重心在右脚上，左臂微屈，左手自然高举，右手握拍，手臂自然弯曲，将球拍举在右肩上方，手腕、拍面稍内旋，两眼注视来球。（图1）

　　（2）击球时，上臂后引，肘关节上提，将球拍后引至头部，自然伸腕（拳心朝上），然后在后脚蹬地、转体收腹的协调用力下，以肩为轴，上臂带动前臂快速向前上方甩腕，在手臂伸直的最高点击球。拍面正向内倾斜，手指、手腕发力，做快速切削动作，击球托的后部和侧后部。（图2、3）

　　（3）击球后，持拍手臂顺惯性往前下方挥动并收拍至体前。与此同时，左脚后撤，右脚向前迈出，身体重心由后脚移到前脚上。（图4）

反手吊球

击球准备和前期动作同反手高远球，但击球时拍面的掌握和力量的运用以及握拍的方法不同。

吊直线时，用球拍反面切削球托的后中部，向对方的右半场网前发力；吊斜线时，用球拍反面切削球托的左侧，朝对方左半场网前发力。

动作要领

（1）首先准确判断来球的方向和落点，然后迅速将身体转向左后方。移动步法，最后一步用右脚交叉跨到左侧底线，背对网，身体重心在右脚上，使球处在身体右上方。（图1—3）

（2）击球时，以大臂带动前臂，在肘部上抬至与肩同高时，转为前臂带动腕部，通过手腕的闪动，自下而上地甩臂将球击出。（图4—6）

（3）击球后，马上回到中心位置。（图7）

① ② ③

④　　　　　　　⑤　　　　　　　⑥　　　　　　　⑦

　　击球准备和前期动作同头顶高远球，但击球点要比头顶高远球稍靠前些。

　　头顶吊斜线球时，中指、无名指、小指屈指外拉拍柄，拇指、食指捻动发力，以斜拍面击球托左侧部位；头顶吊直线，球拍击球托的正中部位。

动作要领

　　（1）首先准确判断来球的方向和落点，然后向右后方转体侧身后退，使球处在自己头部前上方的位置，左肩对网，左脚在前，右脚在后，重心在右脚上，左臂屈肘，左手自然高举，右手握拍，手臂自然弯曲，将球拍举在右肩上方，手腕、拍面稍内旋，两眼注视来球。（图1、2）

　　（2）击球时，上臂后引，肘关节上提，将球拍后引至头部，自然伸腕（拳心朝上），然后在后脚蹬地、转体收腹的协调用力下，上臂带动前臂快速向前上方甩腕，在手臂伸直的最高点击球。（图3—5）

　　（3）击球后，持拍手臂顺惯性往前下方挥动并收拍至体前。与此同时，左脚后撤，右脚向前迈出，身体重心由后脚移到前脚上。（图6、7）

① → ② → ③ → ④

⑤ → ⑥ → ⑦

● 杀球

　　杀球是指把对方击来的球在尽量高的击球点上斜压下去。这种球力量大、弧线直、落地快，给对方的威胁很大，属于进攻的主要技术。杀球分为正手杀直线和对角线球、反手杀直线、头顶杀直线和对角线球、正手腾空突击杀直线球。

正手杀球

动作要领

　　（1）左手自然上举，头抬起来注视来球，右手持拍于体侧。屈膝下降重心，准备起跳。（图1）

　　（2）起跳时右臂后引，上体舒展开。（图2）

　　（3）空中收腹用力。（图3）

　　（4）腰腹带动大臂，大臂带动小臂，小臂带动手腕，用力挥拍击球。（图4）

　　（5）杀球后，前臂惯性前收，形成鞭击。（图5）

头顶杀球

　　头顶杀球的动作要领和准备姿势与头顶击高远球相同。不同点是挥拍击球时，要集中全力往直线方向下压，球拍面和击球方向水平面的夹角小于 90°。

动作要领

　　（1）首先准确判断对方来球的方向和落点，然后迅速将身体转向后方。（图1、2）

　　（2）右上臂向上抬，球拍由右绕过头顶，击球点应选择在头顶上方的部位。击球时，前臂向前上方由内旋带动手腕突然回收发力挥拍成鞭打，要集中全力向直线方向下压，球拍面和击球方向水平面的夹角小于 90°。（图3—5）

　　（3）击球后，小臂内旋较明显，惯性作用小，手臂自然往前摆动。（图6）

① ②

③ ④ ⑤ ⑥

低手击球

　　低手击球是指击球点低于头部高度的击球，主要技术有平抽挡球和接杀球。

　　平抽挡球在中场或后场都有应用。在后场，抽球主要对付对方的长杀，以及对方压底线两角时作为反控制的手段。

　　接杀球主要用于中场区，由于中场区是攻防转换的主要区域，双方的距离接近，球在空中滞留的时间短，因此中场击球技术要求挥拍预摆幅度小，突出体现一个"快"字，做到快打。

● 平抽挡球

正手平抽球

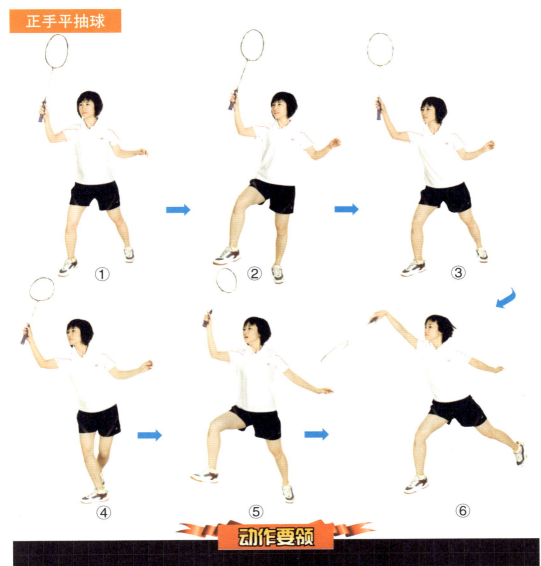

①　②　③

④　⑤　⑥

动作要领

（1）准备击球前，两脚平行站立稍宽于肩。右脚稍向右侧迈出一小步，同时上体稍往右侧倾，右臂向右侧摆，球拍上举，肘关节保持一定角度。（图1—3）

（2）当来球过网时，肘关节外摆，小臂稍往后带外旋，手腕稍外展，引拍至体后。（图4）

（3）击球时小臂内旋，手腕伸直，手指抓紧拍柄，球拍由右后往右前方快速平扫来球。（图5、6）

正手平挡球

① ② ③ ④ ⑤

动作要领

（1）准备击球前，屈膝平行站立，两脚稍宽于肩，两眼注视来球。（图1）

（2）当来球过网，身体重心偏向右脚（如果球离身体较远，可右脚先向右跨出一步，重心移向右脚），右臂向右侧伸出，放松握拍，拍面略后仰对准来球，挥拍将球挡回对方网前区。（图2、3）

（3）击球后，持拍手臂顺惯性往前上方挥动，收回在左肩侧。（图4、5）

反手平抽球

①　②　③

④　⑤　⑥

动作要领

（1）右脚前交叉在右侧前，重心在左脚上，右手反手握拍在左侧前。当球过网时，肘部稍上抬，小臂内旋，手腕外展，引拍至左侧。（图1、2）

（2）击球时，左脚蹬地，髋关节右转。带动小臂外旋，手腕由外展到伸直闪动，挥拍击球托的底部。（图3—5）

（3）击球后，球拍随身体的挥动收到右侧前。（图6）

① ② ③ ④

动作要领

（1）准备击球前，屈膝平行站立，两脚稍宽于肩，两眼注视来球。（图1）

（2）当来球过网，身体重心移向左脚（如果球离身体较远，可左脚向左移一步，重心移到左脚上；如果球离身体更远，可以左脚为轴，右脚经左脚前往左方跨出一步，成背对网姿势），右臂向左侧伸，放松握拍，反拍面略后仰对准来球，挥拍将球挡回对方网前区。（图2、3）

（3）击球后，持拍手臂顺惯性往前上方挥动，收在右肩前。（图4）

●接杀球

　　接杀球是指把对方扣杀过来的球还击回去，一般较多采用挡球、抽球和推球技术。接杀球是防守技术，但只要反应快，判断准，手法娴熟，回球的落点和线路运用得当，在防守中体现出快的精神，就往往能创造由守转攻的条件。

正手接杀球

① ② ③ ④ ⑤

动作要领

　　（1）准备击球前，屈膝平行站立，两脚稍宽于肩，两眼注视来球。（图1）
　　（2）当来球过网，右脚向右跨出一步，重心移向右脚，右臂向右侧伸出，放松握拍，拍面略后仰对准来球。（图2）
　　（3）击球时，前臂内旋，上肢倾向一侧，前臂上抬，拍子轻轻触球。（图3、4）
　　（4）击球后，持拍手臂顺惯性往前上方挥动，收回在身前。（图5）

反手接杀球

① ② ③

④ ⑤

动作要领

（1）准备击球前，屈膝平行站立，两脚稍宽于肩，两眼注视来球。（图1）

（2）当来球过网，左脚向左跨出一步，重心移向左脚，右臂向左侧伸出，放松握拍，反拍面略后仰对准来球。（图2）

（3）击球时，前臂外旋，上肢倾向一侧，前臂上抬，拍子轻轻触球。（图3、4）

（4）击球后，持拍手臂顺惯性往前上方挥动，身体也顺势转向正对球网。（图5）

网前击球

网前击球即前场击球。现代羽毛球运动从场区的角度来讲，后场、中场固然重要，但前场却越来越成了双方力图取胜必须要展开攻守争夺的重要场区。如果运动员的前场技术不好，对方专攻前场，自己就会很被动，即使有很好的后场技术也不易发挥。如果前场技术占优势，就可以通过前场技术为中场、后场的进攻创造机会，使前后场技术密切衔接，融为一体，从而取得全场的主动权。因此，前场技术已成为当代羽毛球技术十分重要的组成部分。

前场击球技术动作小，所需力量也较小，特别讲究细腻的技巧，以巧取胜。网前击球技术包括搓球、推球、勾球、挑球、扑球和网前球六大种。

● 搓球

搓球指的是在网前用球拍切击球托，使球旋转翻滚越过网顶的击球技术。搓球时，由于运用"搓""切"等动作摩擦球托的不同部位，使球在越过网顶时的轨迹异常，给对方回击造成困难，从而为自己创造进攻的机会。搓球是一种从一般放网前球技术基础上发展起来的富有进攻性的放网技术。

正手搓球

正手搓球挥拍力量、速度和拍面角度的大小，主要取决于来球时离网的远近和速度的快慢。

搓球的技术关键

◎应争取较高的击球点，搓击时出手要快。

◎根据球离网的远近，运用手指灵活控制好球的角度和击球的力量。击球点离网较远时，球拍后仰的程度应适当小一些；切击球托时，应有足够的向前的力量，否则容易造成球不过网。击球点离网较近时，球拍后仰的程度要大一些；切击球托时，以削为主，力量较小。

①　　　②　　　③

④　　　⑤　　　⑥

动作要领

（1）侧身对右边网前，正手握拍。球拍随着前臂伸向右前上方斜举。（图1、2）

（2）当球拍举至最高点时，前臂向外旋转，手腕由后伸至稍内收并闪动，握拍手的食指和拇指夹住拍，中指、无名指和小指轻握拍柄，使球拍在手腕和手指的挥摆用力下，搓击来球的右下底部，使球旋转翻滚过网。（图3—6）

反手搓球

搓球时主要靠前臂的前伸外旋和手腕由内收至外展的合力。

① ② ③ ④ ⑤

动作要领

（1）击球前，小臂前伸外旋，手腕由内收至外展，手背约与网同高，而拍面低于网顶，反拍面迎球。（图1—3）

（2）搓击球的右侧后底部，使球侧旋滚动过网。还可将小臂稍伸直，手腕由外展到为收，带动球拍向前切送，击球托的后底部，使球下旋滚动过网。（图4、5）

● 推球

推球指的是把对方击来的网前球在较高的击球点上，用推击的方法往对方底线击出弧度较平、速度较快的球。由于击球点到过网的距离很近，球又平直快速，若能控制好落点，将极具进攻性。

正手推球

① ② ③

动作要领

（1）站在右网前，球拍向右侧前上方举。（图1）

（2）在肘关节微屈回收时，前臂稍外旋，手腕稍向后侧，球拍也随之往右下后摆，拍面正对来球。这时，小指和无名指稍松开，使拍柄稍离开鱼际，拇指和食指向外捻动拍柄，拍面更为后仰。（图2）

（3）推球时，手指控制拍面角度，手腕伸直并闪动，食指向前压，小指和无名指突然握紧拍柄，拍子急速地由右经前上至左挥动推球，使球沿边线飞向对方后场底角。（图3—5）

（4）在回动过程中，拍子回收。（图6）

④　　　　　　　　⑤　　　　　　　　⑥

推球的技术关键

◎击球点要高并控制好拍面角度。如果球已落在网沿以下，就要使拍面略后仰；若球已落得很低了，则不宜用推球。

◎拍的预摆幅度要小，发力要短促、快速。

反手推对角线球

① ② ③ ④ ⑤

动作要领

（1）站在左网前，反手握拍，前臂往前上方伸举。（图1）

（2）在前臂稍向左胸前收引，肘关节微屈，手腕外展时，变成反手推球的握拍法，球拍松握，反拍面迎球。（图2）

（3）击球时，前臂前伸并带外旋，手腕由外展到伸直闪动，中指、无名指和小指突然握紧拍柄，拇指顶压，往右前方挥拍，推击球托的左侧后部，使球沿对角线方向飞行。（图3、4）

（4）击球后，手臂回收，恢复击球前的准备姿势。（图5）

108

◎握拍太死，完全用小臂手腕发力，导致动作过大。

◎击球点太低，推球的弧线太高，或下网。

◎球拍后摆过大，如同挑球、抛球动作。

●勾球

　　勾球指的是在网前，用屈腕（或伸腕）的动作调整球拍角度，轻巧地将球回击到对方斜对角的网前区内。它技巧性较高，与搓球、推球等交替运用，常能达到声东击西的战术效果。击球者将球从网前的一点勾到对方场区的另一个点，球斜着飞越网顶，并要求控制球贴网而过。勾球可分为正手勾球和反手勾球两种。

　　勾球时的发力，主要靠前臂动作、手腕和手指的力量，用力要适当。手腕还要控制好拍面角度，使拍面对着来球方向。勾球时，要根据击球点的高低，灵活握拍，方能随球应变。

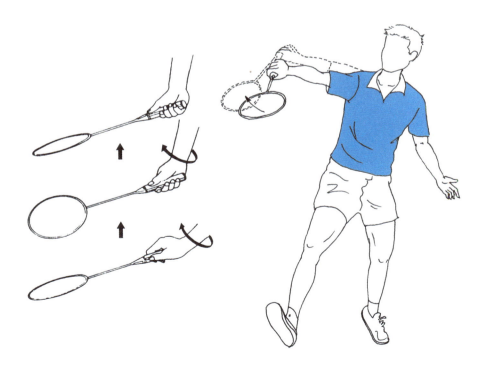

① ② ③

④ ⑤

动作要领

（1）用并步加蹬跨步上右网前。（图1）

（2）球拍随前臂往右前方斜上举。在前臂前伸时稍有外旋，手腕微后伸，握拍手将拍柄稍向外捻动，使拇指贴在拍柄的宽面上，食指的第二指关节贴在拍柄背面的宽面上，拍柄不触掌心。（图2）

（3）击球时，靠前臂稍由内旋往左拉收，手腕由稍后伸至内收并闪动，挥拍击球托的右侧下部，使球向对方网前掠网坠落。击球时，手腕要控制拍面角度。（图3、4）

（4）击球后，球拍回收至右肩前。（图5）

反手勾角球

① ② ③

④ ⑤

（1）站在左网前，反手握拍，当来球飞过网时，随着小臂前伸球拍平举。（图1）

（2）脚步前移，球拍随手臂下沉，由反手握拍变成反手勾球的握拍法，用拍面正对来球。（图2）

（3）在球过网下落的一瞬间，肘部突然下沉，同时前臂稍外旋，手腕由稍屈至后伸并闪动，拇指内侧和中指把拍柄往右侧一拉，其他手指突然握紧拍柄，击球托的左侧后部，使球沿对角线飞越过网。（图3、4）

（4）击球后，球拍往右侧前收回。（图5）

●挑球

挑球就是把对方击来的网前球，挑高回击到对方后场去。这是一种处于较被动的情况下的回击方法，把球挑得高、挑向对方后场以赢得时间，重新调整好身体重心与场上位置，准备下一次击球。

正手网前挑球

① ② ③

④ ⑤ ⑥

动作要领

（1）正手握拍举在胸前。击球前前臂充分外旋，手腕尽量后伸。（图1）

（2）右脚向网前跨出一大步，左脚在后，侧身向网，重心在右脚上。同时右臂向后摆，自然伸腕，使球拍后引。（图2）

（3）击球时，以肘关节为轴，屈臂内旋，并握紧球拍，用食指及手腕的力量，从右下经右前方至左上方挥拍击球，将球向前上方击出。若球拍向右前上方挥动，挑出的是直线高球；若球拍向左前方挥动，挑出的则是对角高球。（图3—6）

反手网前挑球

① ② ③ ④ ⑤

动作要领

（1）反手握拍举在胸前。击球前右臂往后拉抬肘引拍。（图1）

（2）右脚向网前跨出一大步，重心放在右脚上。同时右肩向网，屈肘引拍至左肩旁。（图2、3）

（3）以肘关节为轴，握拍经体前由下往上，用拇指第一指节压住拍柄的宽面，用力将球击出。击球时，前臂充分内旋，手腕由屈至后伸闪动挥拍击球。若球拍自左下向左前上方挥动，则球向直线方向飞行；若球拍由左下向右前上方挥动，则球向对角线方向飞行。（图4、5）

● 扑球

　　对方击来的网前球刚过网，高度仍在网沿上面时，即迅速上网挥击下压过去，称为扑球。由于扑球速度快，飞行的路线短，往往使对方来不及救起而成为威力最大的进攻技术。

　　扑球分正手扑球与反手扑球，其路线有直线、对角线和随身三种。

正手扑球

① ② ③

动作要领

　　（1）来球较高时，右脚在前，左脚脚跟先蹬离地面。（图1）

　　（2）左脚蹬离地面，身体腾空，前臂往前上方举起，球拍正对来球方向。（图2）

　　（3）蹬跳后，身体凌空跃起，小臂往前上伸，稍外旋，腕关节后伸，同时虎口对着拍柄的宽面，小指和无名指稍松开，使拍柄离开掌心。（图3）

　　（4）击球时，随着手臂由屈至伸，手腕由后伸至向前闪动，配合手指的顶压，将球

扑球的技术关键

◎扑球的关键在于"快"。首先取决于判断快，一经做出判断，即要求起动快，并采用蹬跨步或跳步上网，同时出手快，抓住来球在网顶的最高点的机会出手，以迅雷不及掩耳之势，一拍解决战斗。

◎一定要在高于网的部位击球。

◎主要以前臂带动手腕闪击，动作小而快，击球时拍面要前倾。

④　　　　　　　⑤　　　　　　　⑥

扑下（手腕是控制力量的关键，挥拍距离短、动作小、爆发力强，扑击的球才会具有一定威胁力。如果球离网顶较近，就采用"滑动式"扑球方式，用手腕从右向左将球扑压下去，这样可以避免球拍触网犯规）。（图4、5）

（5）扑球后，球拍随手臂往右侧前下回收，同时注意腿上的缓冲，控制重心，以免身体触网。（图6）

反手扑球

（1）身体右侧前倾，反手握拍举于左前上方。（图1）

（2）当身体向左前方跃起时，球拍随着小臂前伸而前举，手腕外展，拇指顶压在拍柄的宽面上，食指和其他三指并拢，拍面正对来球。（图2）

（3）击球时，前臂伸直外旋带动手腕由内收至外长，拇指顶压加速挥拍扑球。若来球靠近网顶，手腕可外展由左向右拉切击球，以免触网。（图3、4）

（4）击球后，右脚着地屈膝缓冲，回收球拍于体前。（图5）

扑球动作中的常见错误

◎动作太大，挥拍时间长，因而不能及时把握时机，并且易出现触网犯规现象。

◎手腕没有闪动动作，使球缺少向下的飞行趋势，容易造成底线出界。

◎顾手不顾脚。扑球动作向前惯性大，初学者往往只注意手上的动作，而忽视了扑球后的腿上缓冲动作，因而容易造成犯规。

● 网前球

　　网前球就是当对方击来网前球，球拍轻轻一托，将球向上弹起恰好一过网就朝下坠落，一般称放网前球。往往是运动员没有能及时赶到较高位置上击球而被动使用的，但质量高的放网前球（弧线低、贴网坠落）也可以扭转被动局面。

　　放网前球的关键在于严格控制托球的力量，托球的力量过大，球过网太高易被对方扑击。其挥拍的力量、速度和拍面角度的大小，主要取决于来球离网的远近和速度的快慢，来球离网远，速度快些，则放球时的力量要大些，反之则力量小些。

正手放网前球

动作要领

（1）侧对球网，右腿跨成弓步，重心放在右脚上，正手握拍，做好放网前球的准备。（图1）

（2）当球来至网前，球拍随着小臂向右前上方斜举，在球拍举至最高点时，小臂开始外旋转动，手腕稍后伸，左臂自然后伸。（图2）

①　　　　　　　　　　②

③

④

⑤

（3）击球时，小臂稍外旋，手腕由后伸至稍内收闪动，握拍手的食指和拇指夹住拍柄，中指、无名指、小指轻握拍柄，轻击球托把球轻送过网。（图3—5）

反手放网前球

当球向左前场飞来时使用。

①

②

③

④

（1）侧对球网，向左前场转体，向球的方向跨步，反手握拍，做好放网前球准备。（图1）

（2）当球来至网前，球拍随着小臂向右前上方斜举，在球拍举至最高点时，小臂开始外旋转动，手腕稍后伸，左臂自然后伸。（图2）

（3）击球时，小臂稍外旋，手腕由后伸至稍内收并闪动，握拍手的食指和拇指夹住球拍，中指、无名指、小指轻握拍柄，轻击球托把球轻送过网。（图3、4）

七 蛟龙出水般的跳起技术
Jumping Steps

　　跳起技术一般用于回跑后因时间不足击头顶或过手球，是羽毛球运动里较高难度的技术。击球点可以根据临场情况略向后移。

双脚起跳杀球

　　双脚起跳杀球技术的原创者是20世纪七八十年代威震世界羽坛的印尼男单"天皇巨星"林水镜。这种跳杀的威胁性非常大，常常能一拍置对方于死地，即使对方将杀球接起，但回球的质量会很差，只要迅速跟进上网，同样会让对方无力还击，这也就是选手们常说的杀上网技术。这一技术的运用通常只出现在两种情形下：一是对手发出的是高远球，接球的一方有充裕的时间后退到位，双脚起跳杀球；二是网前搓球质量极高，迫使对手只能在网前挑高远球，自己再准确判断出球的落点，及时后退到位，双脚起跳杀球。

动作要领

　　（1）右手执拍的情况下，在准备杀球之前先侧身，左脚脚尖着地，用快速的后退步伐后退，使击球点在右肩的前上方。（图1、2）

　　（2）在球开始下落的时候起跳，双腿要先保持微屈的姿势，当球下落到接近击球点高度时，靠脚尖蹬地的力量起跳杀球。（图3—6）

　　（3）杀球后左脚在后且先着地，右脚落地后即回到场地中心位置。（图7）

①   ②   ③

④   ⑤   ⑥   ⑦

◎杀球前身体后仰，基本成弓形，握拍要放松，手心和拍柄之间要有缝隙，等到杀球的瞬间握紧拍子。杀球前如果拍子握得太紧，手腕的力量就使不出来。

◎杀球的瞬间靠的是手腕和手指（主要是食指）的爆发力，这是羽毛球所有后场技术都注重的。羽毛球杀球瞬间绝对不要靠甩大臂来发力，一是自己容易受伤，二是球过网后没有速度，失去威胁性。

半转体起跳杀球

①   ②   ③

动作要领

（1）右手执拍的情况下，准备杀球之前先侧身，身体半侧对球网，左脚脚尖着地。（图1、2）

（2）屈膝降低重心，准备起跳。（图3）

　　杀球前握拍要放松，手心和拍柄之间要有缝隙，等到杀球瞬间握紧拍子。杀球前如果拍子握得太紧，手腕的力量就使不出来。

④　　⑤　　⑥　　⑦

　　（3）在球开始下落的时候起跳，双腿要先保持微屈的姿势，靠脚尖蹬地的力量起跳杀球。（图4—6）
　　（4）杀球后右脚在后且先着地，左脚落地后即回到场地中心位置。（图7）

Proving Your Skills in a Real Competition

PART

4

羽毛球运动
实战技术

羽毛球运动既可单兵作战（两人对练），又可集体会战（双打或三人对三人对练）。单兵作战时，练习者可以随心所欲地打出任何弧线、任何角度、任何力量、任何速度和任何落点的球来；集体会战则可以使练习者养成协调配合的习惯，培养集体主义精神。

单打战术
Skills in Singles

单打制胜要素

● 知己知彼

　　球员除了靠平时不断训练提高自己的技术外，在比赛中，还应做到能够清楚地了解自己的长短处，以及对手的技术特点与弱点，这样才能以长攻短、以强胜弱，出其不意地先发制人，也就是俗语说的"知己知彼，百战不殆"。

● 把对手逐出守护位置

　　羽毛球单打比赛从某种意义上可以说就是打防守战。因此，胜负的关键是如何牢固地守护自己的中心位置，而把对方从其中心守护位置上驱逐出去，或破坏其防守阵势。

单打接发球站位

　　单打接发球的站位叫作中心守护位置，也就是球员独自守住整个场地的站立位置，一般是位于中心线与发球线交叉处稍后一点的地方，这个位置的兼顾性最好。运动员站立时，两脚左右分开，比肩略宽些，右脚比左脚稍前一点。要注意不能"站死位"，应该使双膝适当弯曲，踝关节稍出力，使脚跟稍抬离地面或虚踩在地面上，小腿肌肉处于良好弹性的状态。两腿可小幅跳动，一来可以根据预判而微调自己的位置和站姿，二来可提高起动跑位的敏感性。

选择中心守护位置最佳点时，还必须考虑球员个人的特点，并综合以下几个方面来考虑。

→**考虑自己的特点**：如果对于向后移的步法比较有自信，更有把握接住后面的球，就应该选择稍微前面的区域作为中心守护位置。如果局面被动时，可以灵活选取不同站位，如在后场击完球来不及返回中场，可把站位选择在中场偏后的位置；在前场击完球来不及返回中场，可把站位选择在中场偏前的位置。

→**考虑对方的特点、弱点与习惯**：如果了解到对手擅长高球快速打法，而不擅长网前小技的话，就应该选择球场后方为中心守护位置；如果你的后场球可使对方陷入被动，而对手被动回球的能力不强，就应该选择中前场为中心守护位置。

→**综合考虑**：由于羽毛球的临场打法与球路各式各样，有高低、角度、曲线、斜线等等变化，故应该尽量选择短距离内球员有还击来球可能性的位置。

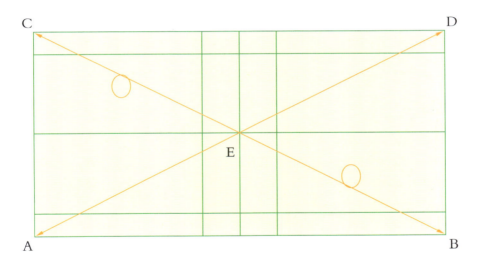

发球是组织进攻的开始，其质量的好坏直接关系到比赛中取得主动或陷于被动，以致赢球得分或丧失发球权。发球分为正手发球和反手发球。按发球的空中飞行弧线又可分为发高远球、平高球、网前球。除发高远球采用正手发球外，其余用正手或反手发球均可。

● 发后场高远球

发后场高远球就是把球发得既高又远，使球向对方的后场上方飞去，球的飞行路线与地面形成大于 45° 的角，球在对方场区底线附近（界内）垂直下落。

发后场高远球的目的是使对手退到底线去击球，如果发球的质量较高，发得又高又远，则可以限制对方的进攻战术，使对方在接发高远球的时候，不容易马上进攻。在对方体力不足的时候，发高远球也可以使对方消耗更大的体力。

● 发平高球

在比赛时运用发平高球的，作用是迫使对手退到底线击球，限制对手的对攻。这种发球的飞行弧线较低，与地面形成的仰角是 45° 左右，应在击球的一刹那，前臂加速带动手腕向前上方挥动，以向前用力为主，使球迅速越过对方场区空中而落到底线附近。由于球的飞行速度快，对方没有充裕的时间考虑对策，回球质量会受到一定的影响。

● 发平快球

发平快球属于进攻型发球，球速很快，作为突袭手段，如运用得当，往往能取得主动。但当接球方有所准备时，也能半途拦截，以快制快，发球方反而会处于被动。发平快球时，球的落点一般应在对手反手区，或直接对准接发球人的身体，使对方措手不及。

● 发网前球

发网前球能减少对方把球往下压的机会，发球后立即进入相互抢攻的局面。把球发到前发球线内角，球飞行的路线较短，容易封住对方攻击自己后场的角度。发球到前发球线外角，可以将对方调离中心位置。特别是在右场区发前发球线外角，能使对方反手区出现大片空当。

●迫使对方跑动

如果能够用多变的击球，按照没有规律的顺序将球击打到场地的四个角，迫使对方疲于跑动，使其在受迫的情况下，回出没有质量的球，自己就能够占据场上的主动。

●不要将球击打到对手的控制范围

不要将球击打到对手的控制范围，否则对手就可以在原地非常有控制地击球，而自己在回击时却没有时间重新跑动到场地中间的位置。

●观察球

如果尽早注视来球的话，对方的击球假动作和身体的迷惑动作就不会那么有威胁了。

●不要从底线杀球

在杀球时，球速刚开始很快，但随后球速下降非常快。在底线杀球时，球到达对方场地时，球速就相对慢了，对方就会比较容易进行攻击性击球。所以，应该从有希望得分或者争取主动的位置进行杀球。

●跑动到位

运动员只有在预测球的位置正确的情况下才有可能进行准确和安全的击球，因此要在较好体能的基础上注重积极的跑动技术。

●在网前击球时，保持在网前位置和高举球拍

对手面对高质量的网前击球只有两种击球可能性：一种是回击网前球，这时你已经站在网前了，就有可能进行扑球或者搓球；另一种是挑球，这时你有足够的时间跑动到位云球。

●识别和充分利用对手的弱点

迫使体能弱的运动员多跑动。

经常将球击打到反手弱的运动员的反手一侧。

面对身材高大的运动员，可以朝着对方的身体击打追身球。

● 控制后场，高球压制

羽毛球攻后场战术主要是通过击高球、重复压对方的底线两角，造成对方被动，寻找机会反攻来实现的。

运用这种战术来对付初学者，或后场还击能力较差，以及后退步法较差又急于上网的对手是比较有效的。

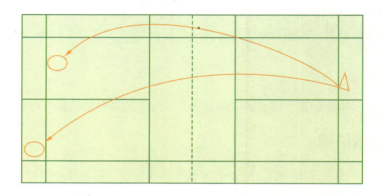

● 打四角球，高短结合

羽毛球的打四角球战术主要是在对手移步较慢、体力较差、技术不全面的情况下采用。此战术是以快速、准确的落点攻击对方场区的四个角，寻找机会向对方空当进攻。

运用这种战术可以通过打落点，逼迫对方前后奔跑、被动应付，并在其回球质量下降或露出破绽时乘虚而攻之。

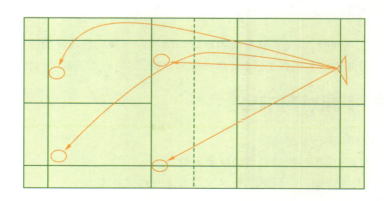

●下压为主，控制网前

羽毛球攻前场战术主要针对网前技术较差的对手，可以运用此战术先将对手吸引到网前，然后再攻击其后场。

采用此战术，自己首先要有较好的网前击球技术。

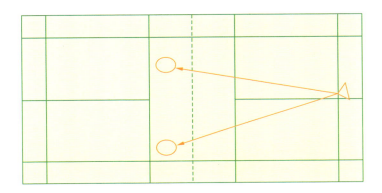

●快拉快吊，前后结合

羽毛球的杀、吊上网战术是应对对手打来的后场高球采用的一种有效战术。具体打法是先以杀球配合吊球把对方的高球下压，落点选在场区的两条边线附近，致使对手被动回球。在对手回网前球时，迅速上网采用搓球、勾对角球或平推球，创造在中场大力扣杀的机会。

运用上网战术，自己必须具备很好的控制杀、吊球落点的能力，才能使对手在被动回网前球时，主动迅速地上网。

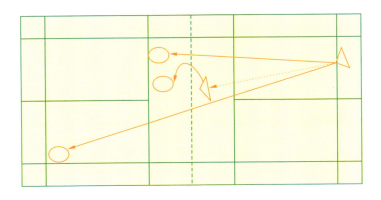

双打战术
Skills in Doubles

双打制胜要素

羽毛球双打是通过两位球员的通力合作形成的一种完全崭新的力量。要赢得双打的胜利，不但球员本身要能娴熟地掌握羽毛球的基本技术打法，而且在配合上还要掌握一些制胜的要点。

●相互信任，密切配合

双打比赛是两人在场上共同竞技，单靠一个人的力量是远远不够的，因此，只有在相互了解、相互信任的基础上才能配合默契，打出最佳水平。

●速度

在双打比赛中，由于是四位选手的对打，速度比单打时要快，球的飞行线路也与多用高远球的单打迥然不同。因此，要求球员尽量多地采用高速的平抽挡击球技术来破坏对手的阵势，伺机反攻取胜。

●球路多变

在双打比赛中，如果杀球路线正好打到对方等待的地方，会受到强烈的反击；如果球过网后过高，也立刻就会变成被攻击的绝好目标。这就要求球员要尽量避免使用单一的打法，要以变化多端的球路来迷惑对手，伺机反攻取胜。

●先见之明

在双打比赛中，如果要先看清对方的打法才开始行动的话，就会永远落后一步。因此，应从对方动作趋势来及时判断对方的打法动向，并迅速采取相应的对策。

●并排站位

在击球时两人并排站于中场，每人控制自己所在的半场。介于两者之间的球，本着正手优于反手的原则进行击球。注意要在每次击球之后迅速回到中心位置去。

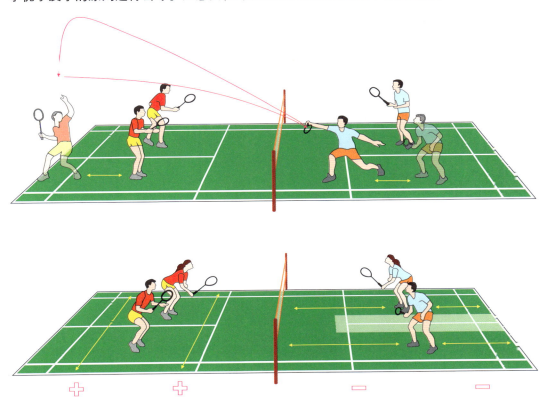

该站位的优缺点

◎优点：

两位球员对于球场宽度有足够的控制能力，尤其对抽球有很好的防守，而且对任何方位的后场球都可以回击。

◎缺点：

两位球员必须在整个半场前后奔波，而对于击至中线位置的球，容易造成误会而漏球。因而极易使对手抓到机会分散两人的注意力。

●一前一后站位

两位球员一前一后站好，前面球员负责在"T"区能接到的球，后者站在距离前者两米的中场内。

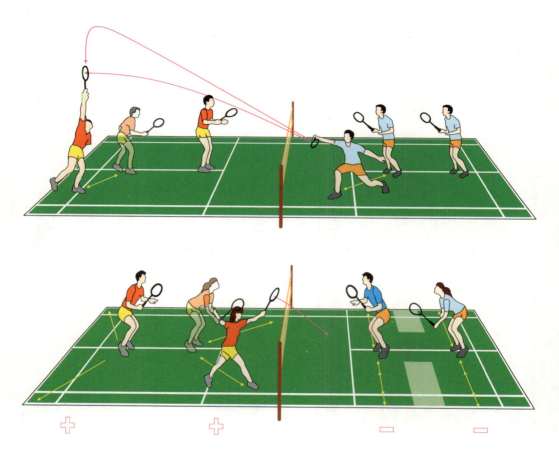

该站位的优缺点

◎优点：

对于对手的短打球能很快地回击。而站位靠后的球员可以有充分的准备时间回击飞到后场的球。

◎缺点：

球员必须在半场中左右奔波（不利于回击对手的拍球）。当对手把球打到两人之间时，极易发生误会而漏球，从而造成许多失误。

136

发球位

双打中的发球区比单打的短约 0.76 米，因为双打中大多发短球。若为了将球击得远一些，你也可以选用截球式发球，给对手造成突袭，这样可以将球击至两边后半场的某一角落而不出界。

短发球　　　　　　　　　　　　　截球式发球

● 球员位置

一般站在右半区或右半区前发球线和中线附近，这样若对手回短球可以有足够的控球宽度。

同伴的最好站位是紧挨发球者但略靠后一些的中线上（两腿跨于左、右半区），这样有利于掌握两边任何半区，便于回球。

●发短球位

　　首先将球发到"T"区附近，等再次回球时，尽力击出对角线球。这对于发球者和他的同伴来说便是一个好的开始。若将球发到自己对角位置是很不利的，因为对手可以很轻易地回一个很平的长线球到某一侧场地上。

●截球式发球位

　　将球发到对手的后场某一个角落是很有成效的。当对手进攻并不强或者自己本身短发球并不太准确时，可以采用高发球。

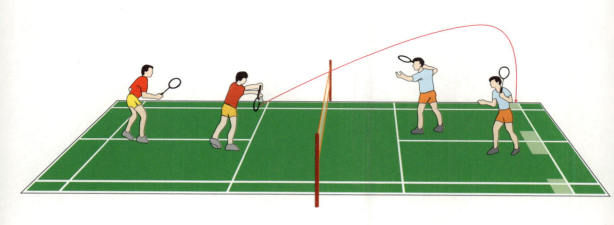

● 短发球后的站位

双打中，短发球后，发球方不要马上采用杀球或正手头顶吊球来进攻。发球方可采用的进攻站位如图（箭头1）所示（短发球后向前走）。

● 截球式发球或高发球后站位

这种特殊发球方式带有进攻性质，在发球后，发球者和同伴站到防守位置去（如箭头1、2所示），截球式发球后回到防守区。

例外：接发球者没有准备而遭突袭，没有以杀球回球，发球者则向前进，埋伏等待回球。

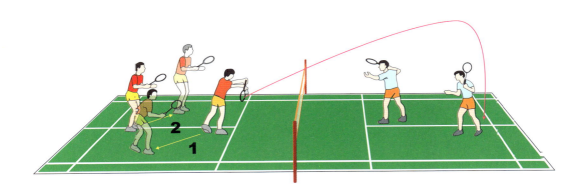

接发球

接发球的目标就是要在压力下迅速回击发球，给对手造成不确定性。其中也可以暗含"进攻"的意味，做好站位准备。接发球时要做到：快速回球，具有一定的掌握能力，强力而且自信，做出一副"你们的发球对我们来说根本构不成威胁"的样子。接发球者采取进攻式的站姿。

●右侧接发球

接发球者 A 上举球拍，站于紧挨中线并靠近前发球线的位置。这样可以尽早在高点接到短发球。一般接发球者需要注意，对手是否采用截球式发球。其同伴 B 站在左发球区，靠近中线的位置，协助同伴控制局面。这样他可以在回球后迅速选择进攻或防守的站位。

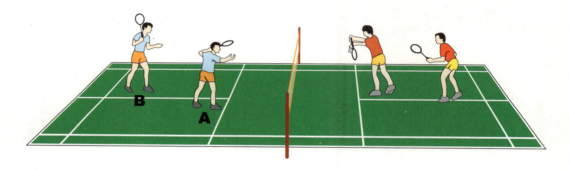

●左侧接发球

A 站在距离 T 区不远处，并位于前发球线后，这样便于回击 T 区附近的短发球，并且发起进攻。同时站在该位置对于截球式发球可以以低手球回击，从而避免反手击球。同伴 B 在右半区中线附近。

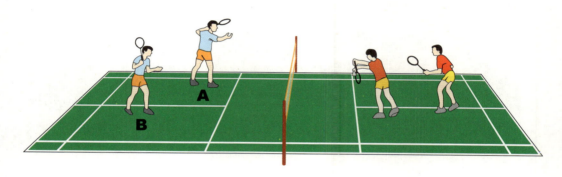

● 回短球后的站位

接发球者在回较短或较平的球，甚至将球下扣后都不能给对手造成进攻的威胁。因此，要选择一个进攻站位（箭头 1）。

以平球（即平推球）回球十分普遍，若击球双方一直以长线平球且快速过网互击（选用弓身进攻站位），直到一方被迫以高球回击球时，则要选择防守站位。

● 回高球后的站位

接发球者被迫以挑球或正手头顶高远球回球，使对方两人可以采用杀球或正手头顶吊球进攻，此时接发球方要采用防守站位（箭头 1、2）。

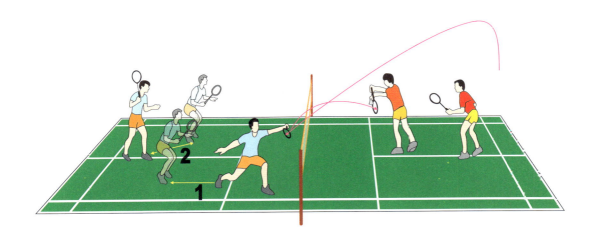

防守站位

　　球员在羽毛球运动场地上的站位选择是以当时所处的情况来决定的。可以自由选择防守站位和进攻站位中较好的一种，因为无法顾及整个场地。

　　在回了几种高球之后，挑球、正手头顶高远球、挑后场，采用防守站位。

在防守位上的准备动作：

　　在击出一个高球后，对手肯定会以杀球回击，因此两名球员在中场处选择防守站位，也就是说，球员位于前发球线两米后并排站立，做好防守的动作。

　　对方一般从后场击球，所以回球点微微靠前一些，即使对角线球经过长线飞行也可以在前场接到。此外球员可以稍稍向边线移动，这样有利于发起进攻（箭头1、2）。

　　当对方球员将球正巧打到两人中间，则靠近一方要承担起回球任务。

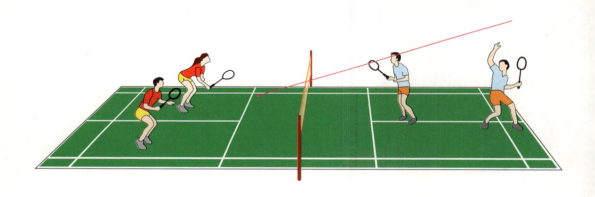

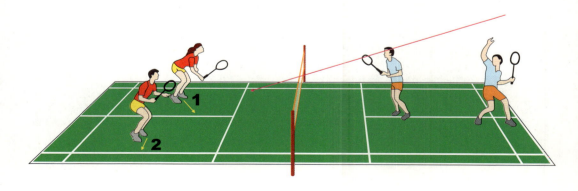

→举例：**接杀球**

选用防守站位。

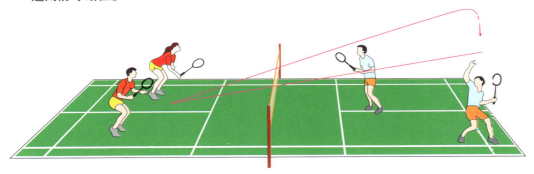

→举例：**挑球**

靠前的球员迅速垂直后退至防守站位（箭头 1）。

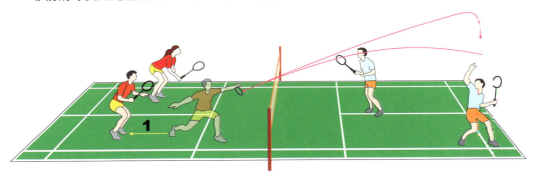

→举例：**后面球员的高远球**

位置在前的球员向前跑，快速回到防守站位。

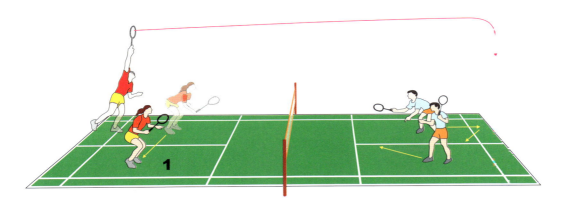

进攻站位

从某种意义上说，进攻就是最好的防守。在双打中，选手应尽力击出杀球或正手头顶吊球，令对手回球困难。

在这种情况下，采用或者偏重于进攻站位。

●进攻站位

当对手不能击出杀球时选用进攻站位。两名选手前后站立，靠前的人在中场、前发球线后的位置（即 T 区之后）。这样在回对手的短球上比较有优势。除此以外，他还要尽力对所有能够达到的范围的球予以回击。

为了有一个较快的反应速度，选手的球拍要一直提到与头持平的位置。

站位靠后的球员负责中后场的来球。他要尽力以杀球方式击球。

开始时，要首先讨论好中场位置的半高球由谁来接。否则双方都要接球，便很容易冲撞在一起。

●抽球

头顶 / 过手区域：在中间区存在一个中立的区域，因为在这个位置就双打而言不可能发起进攻。

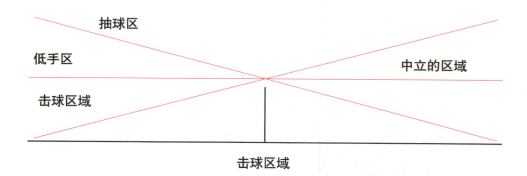

此时多半要互击平球，即我们所说的抽球。站位靠后的球员选用平抽球来进行击球。双方球员均选用进攻站位。站位靠前的球员击出的球，要迫使对手移动而后选择防守站位。

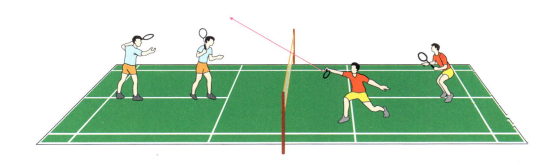

→举例：杀球或正手头顶吊球，偏重进攻站位（箭头 1）

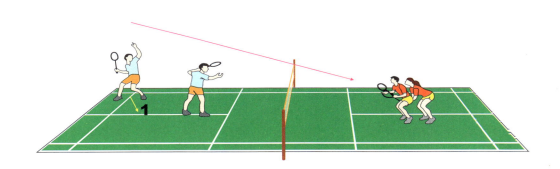

→举例：挡网，选用进攻站位（箭头 1、2）

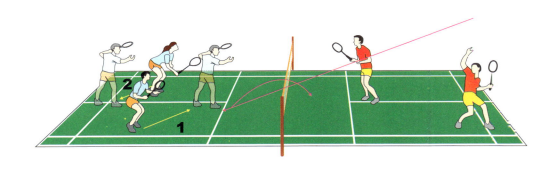

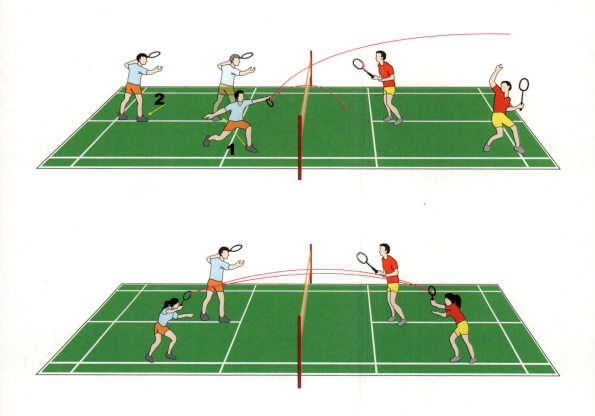

换位

　　双打双方当然都希望经常处于有利的进攻站位上，而置对手于防守状态。这里所列出的是比赛中进攻和防守站位的转换情况。开始时对于基本技术掌握还不扎实、准确的情况下，迅速并准确地做好换位并不容易。在换位中一般会有特定的回球方式，球员可以根据它们来判断是否保持防守站位或进攻站位，还是改变站位方式。当然，在实际比赛中并不是所有的状况都能通过这个规律来评判。总之，一对好的双打选手要具有分辨能力和协作精神。

●由防守到进攻

→可能：挡

对一杀球采取挡，而后迅速向前跑到进攻位置（箭头1）。同伴此时后撤至中线位置（箭头2）。

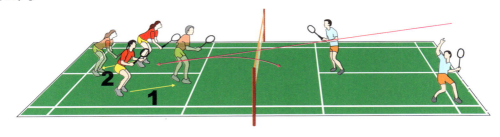

→可能：截球或放网前球

对手打来正手头顶吊球，以截球方式回击，然后球员留在前场移至进攻站位（箭头1），同伴后撤至中线（箭头2）。

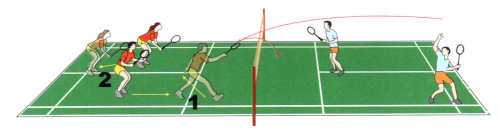

→可能：对手打高远球

其中一名防守球员到后场击高球。没击球的同伴迅速向前（箭头1）。同伴此时击出杀球或吊球，这样能继续在进攻站位上击球（箭头2）。如果同伴击出的是高远球（原则上不会这样），两名球员则需要马上回到防守站位上（箭头1和3）。

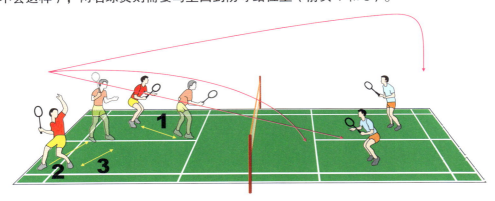

●从进攻到防守

虽然谁都不希望发生这种情况，但是这种状况通常是不能忽略的。

→可能：挑球

在前的球员迫于无奈打击挑球，他需要迅速后退到防守位置上（箭头 1，直线后撤），后面的队友看到发生这种情况后迅速前移到场地另一侧与同伴并排（箭头 2）。

→可能：正手头顶高远球

站位靠后的球员被迫打出正手头顶高远球，两人要快速采用防守站位（箭头 1 和 2），前面的球员与后面球员并列站于场地两个半区。

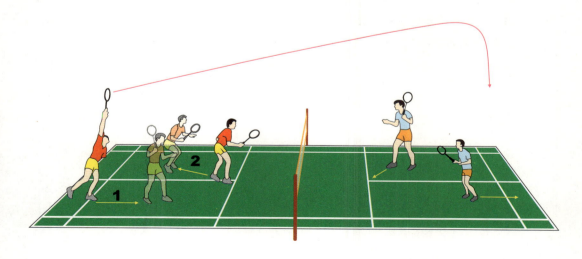

　　避免误解，这在双打中十分重要。要确定好双打中的区域划分，谁负责某一部分要确定清楚。在不明确的情况下，去负责的人击球前要先喊一声，确定负责。

● 在进攻和防守中的情况

　　进攻在后场正手位

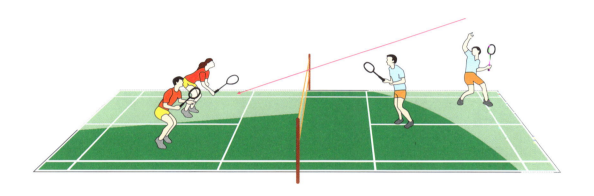

　　进攻在后场反手位

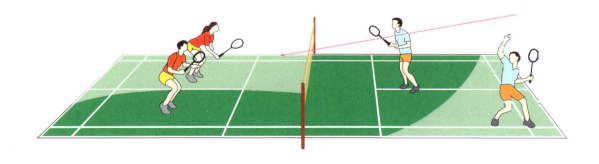

　　在左半场上很明显地标出防守状况下球员负责区域划分。

　　进攻方（右半场）也可以看出后面球员与前面球员所负责区域。

●在中场进攻

在防守一方中，左边球员的后场负责区域会大一些。因为对右手选手而言这样回球会方便一些。

在进攻一方，前面球员要尽力击打其负责的前面的球，也要负责中场靠后一点的区域。

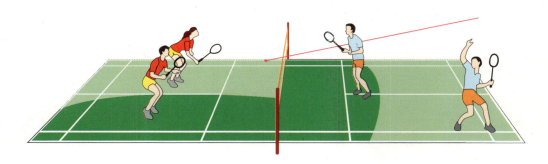

●特殊打法

越默契的双打搭档，击球技法的稳定性越高，这样有利于使用特殊打法。使用特殊打法可以增强自己的实力并削弱对手。

①例如：在后场正手位杀球／对角线防守（向后）这种状况下，当进攻者从后场正手位击长线杀球后跑到网前，这样的球对于对手来说太平、太猛，不利于防守，只能击对角线球，所以很有意义（箭头1）。

在前面的球员则跑向后场，在那里等待击对角线球（箭头2）。

此时A进行进攻，而位于前场。B要到后场位置上。

这种双打进攻打法对于从中场边线开始的进攻也很有效。当然在改变站位、进行位置转换时也很有帮助。

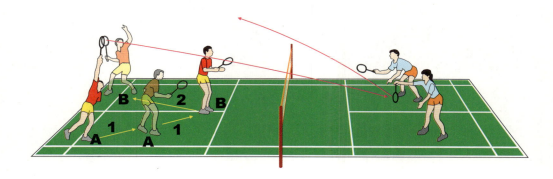

在变化后的进攻站位上击球，使得防守一方只能回长线球。

在前场选手移位至边线方向（箭头 1），这样双人则一前一后站在同一直线上。这样会增加双打中的进攻机会，对防守方形成有效打击。

因为进攻球员站在很细长的一个区域内进攻，所以又被称为渠道打击或突然进攻。

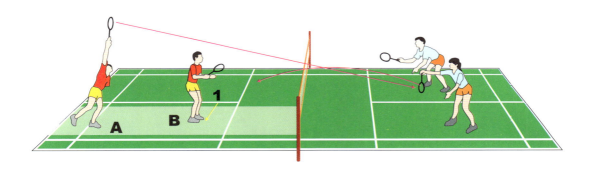

混合双打

混合双打的打法与一般双打不太一样，它一般都是采用进攻站位。按规律来说，女球员在前面，男球员负责后场。从经验上总结原因是男运动员比女运动员更具攻击力。

以下是对混合双打的打法的基本情况的设想，当与一般双打发生冲突时，可以不参考一般双打的规则。

混合双打中一些典型的状况在下面有举例说明，更多的信息可以参考双打中的"进攻站位"。

●发球和接发球

女球员从右侧或左侧场地发球，这与一般的双打没有太大区别。男球员在其身后中线位置，以一种进攻的出击方式做好准备。

与一般双打没有太多不同，由女球员接发球，用正手。男球员站在女球员身后，靠中线位置上。

与一般双打不同的站位情况下，一般会由男球员来发球和接发球。

→在右侧发球区发球与接发球：

发球（左半场）：女球员站在发球的男球员的左边前发球线前面或正处于这个位置。发球的男球员的视线不要被女球员所限制。

接发球（右半场）：女球员在左侧发球区，大约前发球线 T 区附近。这样的位置对于网前有一定的控制能力。

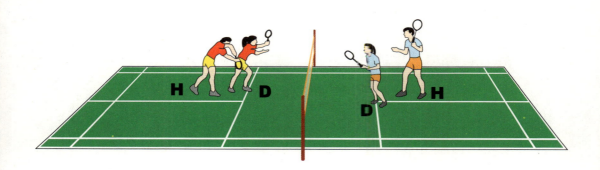

→在左侧发球区发球与接发球：

发球（左半场）：女球员在男球员的左侧，前发球线前面或正处于这个位置。

接发球（右半场）：女球员在右侧发球区，前发球线后，T 区附近。这样的位置对于网前有一定的控制能力。

对于发球还要注意以下几点：不得不由女球员接球时，选择平高球比较有效。女球员发的球要由男球员接，最好采取短发球。

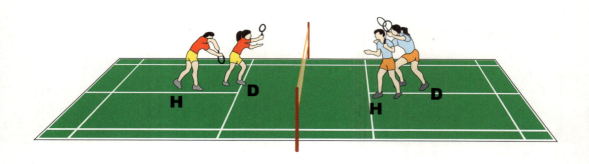

●混合双打中的进攻和防守

→进攻站位：

　　女球员在进攻时，位于网前 T 区后面一些的位置上。女球员可以击任何一种短球。这样有一个快速反应，采取一个有利的进攻方式，球拍应该至少与网边同高。男球员位于后场上，他经常是进攻的发起人。

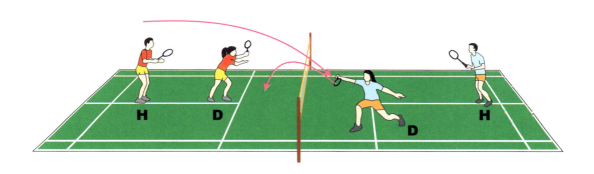

→防守站位：

　　在防守时，女球员与进攻人成对角线站立。她比防守的男球员站位略靠前一些，这样她到达防守的球的距离会短一些。她一般采用网前挑球的对角线开始击球。通过位置的转换，女球员经常要采取特殊方式极力应对杀球。此时她要弓背，球拍倾斜过头。

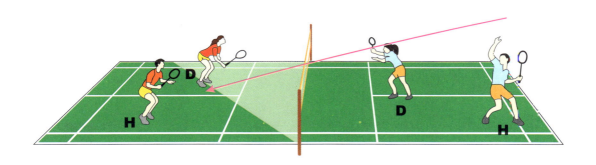

羽毛球运动损伤的防治
Prevention and Cure of Sports Injury of Badminton

肩关节损伤

羽毛球运动中肩部要承受很大的负荷，常见的肩部运动损伤有肩袖损伤、肱二头肌长头肌腱损伤，不慎摔倒时还可能发生关节脱位。

→ **预防措施：** 平时可以通过进行杠铃推举、卧推、引体向上等方法进行肩部力量练习；或者将一定重量的物品置于肘部，平举至与肩同高，坚持 1 ~ 2 分钟，可以加强肩部力量。另外，运动前需要进行肩部的柔韧性练习。

→ **现场处理：** 发生急性损伤时首先要对局部进行冷敷，可以采用冷水冲洗或冰袋冷敷等措施，持续时间 15 ~ 20 分钟，然后用绷带进行加压包扎 24 小时，同时限制受伤肢体活动，24 小时后可以进行轻微活动，逐步恢复锻炼。锻炼时长取决于损伤的程度。

如是不慎滑倒担心可能伤及肩关节，这时判断肩关节是否脱位的简单方法是让伤员将伤侧上肢的肘关节一侧贴住身体，同时用伤侧的手触摸没有受伤一侧的肩部。如果可以完成这个动作，说明没有肩关节脱位，否则要尽快送医院处理。不要让非医务人员进行复位处理。

肘关节损伤

羽毛球爱好者容易发生肘关节的慢性损伤。如果在捡球时感到肘关节外侧有明显疼痛，就有可能患了网球肘。

→**预防措施**：首先要提高在不慎摔倒时的自我保护意识，最为重要的是不要直接用手掌地。平时应多采用俯卧撑、杠铃弯举等运动进行力量练习；也可以采用屈肘俯卧静立支撑的方法来加强肘部力量。

→**现场处理**：发生肘关节损伤时，可能出现前臂长度改变、肘关节后部出现凹陷、关节活动障碍等现象。这时，必须减少受伤肢体的活动量，特别要减少翻拍击球的次数，以利于损伤的恢复。

如果发生肘关节脱位要尽快送医院处理，不要让非医务人员进行复位处理。

手腕损伤

常见的手腕损伤有腕三角软骨盘损伤、桡骨茎突腱鞘炎。这类损伤主要由于局部负荷量过大而引起，一般可以通过控制局部运动量来进行预防，确实严重的可以进行理疗，或通过局部封闭等方法进行治疗。另外，还可以采用负重屈腕练习以增加腕部力量，运动时要注意带上护腕，或用弹力绷带进行保护。

膝关节损伤

常见的膝关节损伤有膝关节侧副韧带损伤、十字韧带损伤、半月板损伤等。

→**预防措施**：可以举杠铃做负重蹲起训练，以提高膝关节的肌肉力量，或者采用静蹲（即站桩）的静力性练习来增强膝部力量。训练时戴上护膝也是一种很好的保护膝关节的方法。另外要注意技术动作的合理性，减少损伤发生。

→**现场处理**：与发生肩关节急性损伤时处理的过程基本相同，首先要对局部进行 15～20 分钟的冷敷，然后进行加压包扎，限制受伤肢体活动，休息时将伤肢抬高。24～48 小时以后可以进行理疗、按摩等治疗。同时尽快找医务人员进行处理。

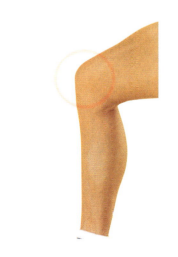

跟腱损伤

急性跟腱损伤根据程度的不同，检查和处理方法也有所不同。

→预防措施： 预防跟腱损伤，主要是要注意科学地安排好训练量，避免局部负荷过重；跟腱周围炎者要积极进行治疗，以免因长期慢性损伤导致跟腱变脆而发生断裂。

→现场处理： 首先需要确定是否有跟腱断裂，发生跟腱断裂时常常可以听到响声，并且产生剧烈疼痛和肢体活动障碍。让伤员俯卧在桌上或者床上，将两脚伸出床沿，注意观察两个脚跟的位置，如果有一侧明显变长则有可能发生了跟腱断裂，这时必须尽快送医院处理。如果仅是一般性跟腱损伤，就只需进行冷敷、加压包扎、限动和抬高伤肢，24～48小时以后可以进行理疗、按摩等治疗。轻微损伤的在伤后2～3天可以进行简单活动，中度损伤的需要休息一周。在损伤后的训练过程中要以不引起局部明显疼痛为度，控制好运动量。

五大赛事
Five Major Competitions of Badminton

汤姆斯杯赛

这是世界上水平最高的男子羽毛球团体赛，最初由英国人乔治·汤姆斯（George Thomas）1939年提议组织世界性男子团体比赛并捐赠奖杯"汤姆斯杯"，后由原国际羽毛球联合会于1948年创办。

1948年，第一届汤姆斯杯赛在英格兰举办。至2018年，这项杯赛已举办了30届，冠军杯一直在亚洲的印度尼西亚、马来西亚和中国之间流动。从2004年第二十三届到2012年第二十七届，中国队获得五连冠。2018年5月27日，中国队在曼谷再次夺冠，这也是中国队第10次夺魁，再次向世人证明了中国队在世界羽坛上的王者地位。

尤伯杯赛

尤伯杯赛创办于1956年，因由尤伯夫人捐赠奖杯而得名，又称世界女子羽毛球团体锦标赛。1982年以前是每三年举行一次，比赛采用七场四胜制，自1984年开始，改为每两年举行一次，采用五场三胜制。

1984年，中国女子羽毛球队首次参加尤伯杯赛便夺得第十届尤伯杯赛冠军，首次登上了世界女子羽毛球团体冠军的宝座。之后，从1986到1992年的六年间，中国女子羽毛球队又连续夺得第11届到第14届的冠军，创造了"尤伯杯赛"历史上"五连冠"的优异成绩。从1998年到2008年的十年间，中国队连续获得第17届到第22届尤伯杯的冠军，创下了"尤伯杯"六连冠的辉煌战绩。2012年到2016年，中国队再次获得三连冠，累计获得14次尤伯杯冠军。

世界羽毛球锦标赛

世界羽毛球锦标赛是国际羽毛球联合会在继汤姆斯杯、尤伯杯赛后，为了适应世界羽毛球运动日益发展的需要而设立的一种单项竞赛锦标赛。

该赛从1977年开始举办，1983年以前每三年举办一次。此项赛事只进行五个单项的比赛，即男女单打、男女双打和混合双打。所有项目的冠军都将获得金牌，亚军得银牌，半决赛的负者得铜牌。

从 1985 年起，该项赛事每两年举办一次，直到 2005 年止。2006 年起，世界羽毛球锦标赛成为国际羽毛球联合会日程表上一年一次的赛事，目的在于给予运动员们更多机会去赢得官方"世界冠军"的称号。每到奥运会举办的年份，世界羽毛球锦标赛便不举办，以便为奥运会羽毛球比赛让路。2018 年世界羽毛球锦标赛中，中国队获得混双、男双两个冠军。

苏迪曼杯赛

苏迪曼杯赛，又称世界羽毛球混合团体锦标赛，采用五场三胜制，由男子单打、女子单打、男子双打、女子双打和混合双打五个项目组成，是代表羽毛球整体水平的最重要的世界大赛。1989 年，第一届苏迪曼杯赛在印度尼西亚举行，此后每两年举行一次，逢双数年是汤姆斯杯赛和尤伯杯赛，单数年是苏迪曼杯赛。

苏迪曼杯是印度尼西亚羽毛球协会代表印度尼西亚人民向国际羽毛球联合会捐赠的一座奖杯。在苏迪曼杯历史上，中国队 11 次获得冠军，其中，第四届到第七届四连冠，第九届到第十四届六连冠。

奥运会羽毛球比赛

奥运会是世界上最瞩目的一项大赛，也是当今世界羽毛球运动中最高水平的赛事，每 4 年举行一次。1992 年巴塞罗那奥运会，羽毛球成为正式比赛项目。

拥有 5 枚金牌的羽毛球项目是各国高度重视和激烈争夺的重点项目之一。

2008 年北京奥运会上，中国羽毛球队拿到 3 金 2 银 3 铜共 8 块奖牌；2012 年伦敦奥运会上，中国羽毛球队拿到 5 金 2 银 1 铜共 8 块奖牌，首次包揽奥运五金，创造了世界羽毛球历史的巅峰成绩。2016 年里约热内卢奥运会上，中国羽毛球队获得男子单打、男子双打两块金牌。

图书在版编目（CIP）数据

羽毛球入门与实战技巧/中映良品编著. ——成都：
成都时代出版社，2020.4
ISBN 978-7-5464-2547-4

Ⅰ.①羽… Ⅱ.①中… Ⅲ.①羽毛球运动—基本知识
Ⅳ.①G847

中国版本图书馆CIP数据核字（2020）第025448号

羽毛球入门与实战技巧
YUMAOQIU RUMEN YU SHIZHAN JIQIAO
◎中映良品 编著

出 品 人	李若锋
责 任 编 辑	李卫平
责 任 校 对	张 巧
装 帧 设 计	◎中映良品　成都九天众和
责 任 印 制	李茜蕾

出 版 发 行	成都时代出版社
电 话	（028）86621237（编辑部）
	（028）86615250（发行部）
网 址	www.chengdusd.com
印 刷	成都市金雅迪彩色印刷有限公司
规 格	787mm×1092mm　1/16
印 张	10
字 数	190千
版 次	2020年4月第1版
印 次	2020年4月第1次印刷
书 号	ISBN 978-7-5464-2547-4
定 价	48.00元